「ふつう」ってなんだ？

LGBTについて知る本

監修

認定特定非営利活動法人ReBit

薬師実芳・中島 潤

Gakken

はじめに

みなさんは「ふつう」ってなんだと思《おも》いますか？「みんなと同《おな》じ」であることでしょうか、それとも「平均《へいきん》」であることでしょうか。いままでそんなことは考《かんが》えたことがないという人《ひと》もいるでしょう。大人《おとな》でも、考《かんが》えたことがない人《ひと》はたくさんいると思《おも》います。でも、身近《みぢか》なことから考《かんが》えていけば、それほどむずかしいことではありません。この本《ほん》では、「ＬＧＢＴ」についてお話《はな》ししながら「ふつう」について考《かんが》えてみようと思《おも》います。

このＬＧＢＴという言葉《ことば》は、10年《ねん》くらい前《まえ》まで、世《よ》の中《なか》でほとんど知《し》られていませんでした。そんな時代《じだい》に「自分《じぶん》の性《せい》のありかたはほかの人《ひと》とちがうのかも」と悩《なや》んでいた子《こ》どもたちは、暗闇《くらやみ》を手探《てさぐ》りで前進《ぜんしん》するような感覚《かんかく》だったと思《おも》います。ＬＧＢＴという言葉《ことば》が知《し》られていないから、自分《じぶん》がいったい何者《なにもの》なのかわからない。情報《じょうほう》が少《すく》ないから、同《おな》じ悩《なや》みをもった人《ひと》がほかにもいることも知《し》らない。正《ただ》しい知識《ちしき》をもっている人《ひと》があまりいないから、相談《そうだん》する相手《あいて》を見《み》つけられない。とても苦《くる》しい思《おも》いをした人《ひと》も多《おお》かったでしょう。

10年前《ねんまえ》と比《くら》べると、新聞《しんぶん》、テレビ、インターネット、いろいろな性《せい》のありかたをテーマにしたマンガや映画《えいが》などを通《とお》して、ＬＧＢＴについての情《じょう》報《ほう》が広《ひろ》く発信《はっしん》されるようになりました。また、ＬＧＢＴの人《ひと》たちの気持《きも》ちや権利《けんり》を守《まも》ろうとする活動《かつどう》も広《ひろ》がり、ＬＧＢＴについて「知《し》る」機会《きかい》が増《ふ》えました。

そうした変化《へんか》を受《う》けて、いままで悩《なや》んでいたけれど、自分《じぶん》はひとりじゃないということを知《し》り、気持《きも》ちが救《すく》われたという人《ひと》もいます。学校《がっこう》の先生《せんせい》たちも研修《けんしゅう》に参加《さんか》したり、本《ほん》を読《よ》んだりして勉強《べんきょう》をしています。先生《せんせい》たちが「知《し》る」ことで学校《がっこう》も少《すこ》しずつ変《か》わってきています。

このように、「知《し》る」という行為《こうい》には、世《よ》の中《なか》を大《おお》きく変《か》える力《ちから》、そして人《ひと》を救《すく》う力《ちから》があるのです。この本《ほん》を読《よ》んで新《あたら》しいことを知《し》れば、あなたにもなにかを変《か》える力《ちから》が芽生《めば》えるでしょう。もしあなた自身《じしん》が性《せい》のありかたについて悩《なや》んでいるのだとしたら、この本《ほん》のなかにあるLGBTの人《ひと》たちの言葉《ことば》を読《よ》んでみてください。「自分《じぶん》はひとりじゃない」とあなた自身《じしん》を励《はげ》ます力《ちから》になるはずです。いまは特《とく》に悩《なや》んでいないよ、という人《ひと》も、あなたがLGBTについて「知《し》る」ことは、いつか身近《みぢか》な誰《だれ》かを助《たす》ける力《ちから》になるかもしれません。また、「知《し》る」ことが社会《しゃかい》のありかたや自分《じぶん》の生《い》きかたを考《かんが》えるきっかけになることもあります。

「ふつう」って？　「LGBT」って？　自分《じぶん》にできることって？

この本《ほん》をきっかけに、いろいろなことを知《し》り、いろいろなことを考《かんが》えてみましょう。

あなたがそうすることで、やがて、みんなが暮《く》らしやすい社会《しゃかい》が実現《じつげん》することを願《ねが》っています。

2017年《ねん》12月《がつ》　編集部《へんしゅうぶ》より

「ふつう」ってなんだ？
LGBTについて知る本

もくじ
CONTENTS

第5章 世《よ》の中《なか》はどんどん変《か》わっている！

本書《ほんしょ》であげた事例《じれい》は
すべて実際《じっさい》にあった体験談《たいけんだん》を
もとに作成《さくせい》しています。

第1章

性《せい》別《べつ》ってなに？

男《おとこ》らしいって　なんだろう

あいつ…変《か》わってるよなぁ女《おんな》にまじって
わい
わい
おい白石《しらいし》！
おまえほんとうは女《おんな》なんじゃねーの？
ふつうの男《おとこ》ならそんなんつけねーぞ
…
うわ〜
アーハハッ
なに言《い》ってんのよ謝《あやま》りなさいよ！
気《き》にしなくていいよ白石《しらいし》くん
あ…ありが…
でもー…

たまにはちゃんと言《い》い返《かえ》したほうがいいよ
男《おとこ》の子《こ》なんだからさ
ね。
○△□塾
……うん
〝男《おとこ》の子《こ》なら〟…
言《い》い返《かえ》せないとダメなのかな…

ただいまー
おかえり…
あら？それどうしたの
またそんな女《おんな》の子《こ》みたいな物《もの》つけて…
パタン…
コトン
「男《おとこ》の子《こ》だから」とか「男《おとこ》の子《こ》なのに」とか……
男《おとこ》らしいってなんだろう

① ふつうってなに?

みんながよく使《つか》う「ふつう」という言葉《ことば》。じつはとても使《つか》うのがむずかしいみたいです。いろいろな性《せい》のことを知《し》る前《まえ》に、「ふつう」という言葉《ことば》の意味《いみ》を考《かんが》えてみましょう。

「ふつう」の基準《きじゅん》は時代《じだい》や場所《ばしょ》によってさまざま

あなたは「ふつう」という言葉《ことば》を、どんなふうに使《つか》いますか?

たとえば、クラスメートのAさんが、着物《きもの》を着《き》て、髪《かみ》の毛《け》をちょんまげのようにしてきたとしましょう。それを見《み》たあなたはびっくりして、「その髪型《かみがた》どうしたの?そんなかっこう、ふつうしないよ」と言《い》うかもしれませんね。

「ふつうは●●だよ」「ふつう××なんてしないよ」。「ふつう」という言葉《ことば》はそんなふうに使《つか》われることが多《おお》いようです。

いまの街中《まちなか》で

着物《きもの》で登校《とうこう》するAさんを見《み》て、みんなはおどろいたり、不思議《ふしぎ》そうにしたりしています。なかにはくすくす笑《わら》う人《ひと》も。やっぱりAさんのかっこうは「ふつう」じゃない?

ではAさんの話《はなし》にもどりましょう。たしかにクラスでは着物《きもの》を着《き》てちょんまげのような髪型《かみがた》をしているのはAさんだけですが、もしあなたとAさんが、江戸時代《えどじだい》にタイムスリップしたらどうなると思《おも》いますか? Aさんはまわりの人《ひと》とよくなじみますが、洋服《ようふく》を着《き》ているあなたはめずらしい人《ひと》になりますよね。そうなると、Aさんが「ふつう」で、洋服《ようふく》のあなたは「ふつうじゃない」と言《い》われてしまうかもしれません。

このように「ふつう」という言葉《ことば》は、時代《じだい》によって、あるいは、住《す》んでいる国《くに》や地域《ちいき》によって基準《きじゅん》が変《か》わってくるようです。だから、いまあなたが「ふつう」と思《おも》っていることも、ほかのだれかからすると、「ふつうじゃない」ことかもしれませんね。いまは「ふつうじゃない」と言《い》われていることも、時《とき》がたてば「ふつう」になるかもしれません。そう考《かんが》えると、「これがふつうだよ」「それってふつうじゃないよ」なんて言《い》いきれないと思《おも》いませんか。

江戸時代《えどじだい》にタイムスリップ!

江戸時代《えどじだい》には、着物《きもの》を着《き》ている人《ひと》がたくさんいます。ということは、Aさんは「ふつう」で、洋服《ようふく》を着《き》ているあなたは「ふつうじゃない」?

② 男《おとこ》らしさや女《おんな》らしさってなんだろう？

「女《おんな》の子《こ》なんだからもっとおしとやかにしなさい」とか「男《おとこ》の子《こ》なんだから外《そと》で遊《あそ》びなさい」などと言《い》われたことはありませんか？
でも、男《おとこ》の子《こ》も女《おんな》の子《こ》も、ひとりひとりちがう「自分《じぶん》らしさ」をもっています。

「男《おとこ》だから」「女《おんな》だから」より「自分《じぶん》だから」

さて、上《うえ》にいろいろなイラストがありますが、あなたはどのイラストが「男《おとこ》らしい」、あるいは「女《おんな》らしい」と思《おも》いますか？　青《あお》い色《いろ》が好《す》きなのが男《おとこ》の子《こ》で、赤《あか》い色《いろ》が好《す》きなのが女《おんな》の子《こ》。力《ちから》が強《つよ》いのが男《おとこ》の子《こ》で、やさしいのが女《おんな》の子《こ》。工作《こうさく》が得意《とくい》なのが男《おとこ》の子《こ》で、縫《ぬ》いものが得意《とくい》なのは女《おんな》の子《こ》。

……と、ここまで読《よ》んできて、あなたはどんな気持《きも》ちになりましたか？　「そうだよね」と思《おも》う人《ひと》もいれば、「ほんとうにそうかな？」と疑問《ぎもん》に思《おも》う人《ひと》や、勝手《かって》に決《き》めつけられているようで、少《すこ》し変《へん》な感《かん》じがするという人《ひと》もいるでしょう。「ボクは赤《あか》が好《す》き」という男《おとこ》の子《こ》もいるし、「クラスのEさんは、うでずもうをしたら男子《だんし》より強《つよ》い女子《じょし》」ということもあります。「Fさんはボタンをつけるのがとても上手《じょうず》な男《おとこ》の子《こ》だよ」という場合《ばあい》もあると思《おも》います。「男《おとこ》の子《こ》だから●●なのがふつ

・自分《じぶん》のことを「オレ」と言《い》う
・工作《こうさく》が好《す》き
・小《ちい》さいころはおままごとが好《す》きだった

・好《す》きな色《いろ》は青《あお》と緑《みどり》
・将来《しょうらい》の夢《ゆめ》はお花屋《はなや》さん

・好《す》きな色《いろ》は赤《あか》やオレンジ
・将来《しょうらい》はサッカー選手《せんしゅ》になりたい

・自分《じぶん》のことを「ボク」と言《い》う
・部屋《へや》のかざりつけがけっこう得意《とくい》
・ケーキが大好《だいす》き

・好《す》きな色《いろ》はピンクと黄色《きいろ》
・将来《しょうらい》は電車《でんしゃ》の運転手《うんてんしゅ》になりたい
・自分《じぶん》のことを「ウチ」と言《い》う

・お菓子作《かしづく》りが好《す》き
・算数《さんすう》が得意《とくい》

「その人《ひと》らしさ」は人《ひと》によっていろいろ!

うだ」「女《おんな》の子《こ》だから○○なのがふつうだ」というのは、すべての人《ひと》にあてはまるわけではないのです。「男《おとこ》だから……」「女《おんな》だから……」という理由《りゆう》で、人《ひと》のありかたを決《き》めることはできないと思《おも》いませんか。

「その人《ひと》らしさ」がいちばん大事《だいじ》

料理《りょうり》が好《す》きな男《おとこ》の子《こ》もいるし、機械《きかい》いじりが得意《とくい》な女《おんな》の子《こ》もいます。ひとりの人《ひと》のなかにも、「男《おとこ》らしい」と言《い》われる要素《ようそ》も、「女《おんな》らしい」と言《い》われる要素《ようそ》もあるのかもしれません。男《おとこ》の子《こ》だから「男《おとこ》らしい」と言《い》われることしかしてはダメ、女《おんな》の子《こ》だから「女《おんな》らしい」と言《い》われることしかしてはダメ、ということはありません。たいせつなのは、それぞれの好《す》きなこと・嫌《きら》いなこと、得意《とくい》なこと・苦手《にがて》なことを、おたがいに尊重《そんちょう》し合《あ》えることです。男《おとこ》らしさとか、女《おんな》らしさで決《き》めつけるのではなく、「その人《ひと》らしさ」をたいせつにすることが重要《じゅうよう》なのです。

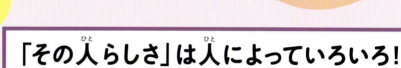

③ 性《せい》のありかたを考《かんが》えてみよう

性別《せいべつ》と聞《き》くと、「男《おとこ》」と「女《おんな》」の二通《ふたとお》りだけと答《こた》える人《ひと》が多《おお》いかもしれません。でも、じつは「性《せい》」というものは人《ひと》の数《かず》だけあると言《い》っていいほど、とても多様《たよう》なのです。

性《せい》のありかたは見《み》た目《め》だけではわからない

性《せい》のありかたは、「こころの性《せい》」「からだの性《せい》」「好《す》きになる性《せい》」「表現《ひょうげん》する性《せい》」の4つの軸《じく》で考《かんが》えることがあります。これら4つの軸《じく》をかけ合《あ》わせて、人《ひと》それぞれの「性《せい》のありかた（セクシュアリティと呼《よ》ぶこともあります）」を考《かんが》えることができます。このページでは、その4つの性《せい》の軸《じく》をそれぞれ見《み》ていきたいと思《おも》います。

こころの性《せい》

自分《じぶん》の性別《せいべつ》をどのように思《おも》うのかという性《せい》です。自分《じぶん》を女性《じょせい》だと思《おも》う人《ひと》もいれば、男性《だんせい》だと思《おも》う人《ひと》もいます。どちらかわからないと思《おも》う人《ひと》、自分《じぶん》は男女《だんじょ》のどちらでもあると思《おも》う人《ひと》もいます。ほかにも、男女《だんじょ》のどちらかに決《き》めたくないと思《おも》っている人《ひと》もいれば、そのときによって変《か》わる人《ひと》など、いろいろなタイプの人《ひと》がいます。

自分《じぶん》を男性《だんせい》だと思《おも》うか、それとも女性《じょせい》だと思《おも》うかなど、こころの性《せい》は、人《ひと》によってちがいます。からだの性《せい》とは別《べつ》の軸《じく》として考《かんが》えます。

からだの性《せい》

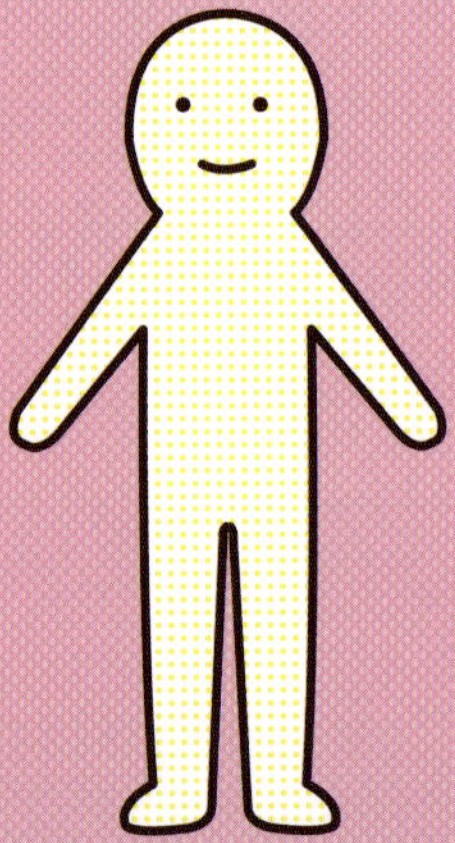

生《う》まれたときの、からだの見《み》た目《め》やかたちなどによって判断《はんだん》された性《せい》です。背《せ》が高《たか》い人《ひと》や低《ひく》い人《ひと》がいるように、女性《じょせい》のからだ、男性《だんせい》のからだといってもいろいろあり、ひとりひとりちがいます。

見《み》た目《め》やかたちだけでなく、性染色体《せいせんしょくたい》や性《せい》ホルモンの状態《じょうたい》などから、からだの性《せい》が判断《はんだん》されることがあります。

好《す》きになる性《せい》はこころの性《せい》とは別《べつ》の軸《じく》で、連動《れんどう》しているわけではありません。「自分《じぶん》は男性《だんせい》で女性《じょせい》が好《す》き」「自分《じぶん》は女性《じょせい》で男性《だんせい》が好《す》き」という以外《いがい》に、じつにさまざまなパターンの「好《す》き」があります。

好《す》きになる性《せい》

恋愛《れんあい》の対象《たいしょう》となる性《せい》です。男《だん》性《せい》を好《す》きになる人《ひと》、女性《じょせい》を好《す》きになる人《ひと》、男性《だんせい》も女性《じょせい》も好《す》きになる人《ひと》、好《す》きになる相手《あいて》の性別《せいべつ》を決《き》めていない人《ひと》、どの性別《せいべつ》の人《ひと》も好《す》きにならない人《ひと》など、いろいろな人《ひと》がいます。

時《とき》と場合《ばあい》によって変《か》わる「表現《ひょうげん》する性《せい》」

「表現《ひょうげん》する性《せい》」は、時《とき》と場合《ばあい》で変《か》わることがあります。たとえば制服《せいふく》ではスカートをはくけれど、私服《しふく》ではいっさいスカートをはかない人《ひと》もいます。また、トランスジェンダー(→P.21)の人《ひと》であれば、カミングアウト(→P.73)をする前《まえ》は女性《じょせい》としてふるまっていたけれど、カミングアウトをしている場所《ばしょ》では、自分《じぶん》を男性《だんせい》として表現《ひょうげん》するようになるなど、時《とき》と場合《ばあい》や関係性《かんけいせい》によって表現《ひょうげん》する性《せい》は変《か》わることもあるのです。

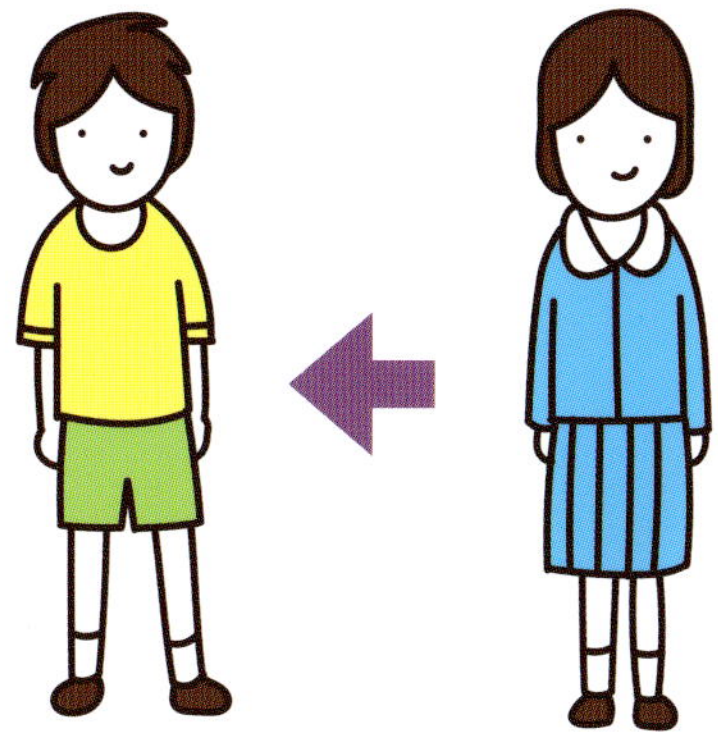

表現《ひょうげん》する性《せい》

自分《じぶん》をどのように表現《ひょうげん》するのかという性《せい》です。たとえば、スカートをはくのか、それともズボンをはくのか。髪《かみ》は長《なが》くするのか、短《みじか》くするのかなど、見《み》た目《め》や服装《ふくそう》で自分《じぶん》を表現《ひょうげん》することです。また、それだけにとどまらず、自分《じぶん》のことを「ボク」と呼《よ》ぶのか、それとも「わたし」と呼《よ》ぶのか。勇《いさ》ましいふるまいをするのか、おしとやかなふるまいをするのかなど、言動《げんどう》にもさまざまな「表現《ひょうげん》する性《せい》」が見《み》られます。

「表現《ひょうげん》する性《せい》」は、こころの性《せい》と一緒《いっしょ》のこともあれば、異《こと》なることもあります。たとえば自分《じぶん》のことを「ボク」と呼《よ》ぶ女《おんな》の子《こ》は男《おとこ》っぽいと思《おも》われやすい表現《ひょうげん》をしていますが、必《かなら》ずしも「こころの性《せい》が男性《だんせい》」とは限《かぎ》りません。

4つの軸《じく》から人《ひと》を見《み》てみると……

前《まえ》のページで、性《せい》には4つの軸《じく》があると説明《せつめい》しましたが、ここでは、いろいろな人《ひと》に登場《とうじょう》していただき、それぞれ自分《じぶん》の性《せい》のありかたについて話《はな》してもらいました。話《はなし》を聞《き》いてみると、ほんとうに人《ひと》それぞれで、だれひとりとして同《おな》じ性《せい》のありかたの人《ひと》はいません。人《ひと》とちがうことは当《あ》たり前《まえ》で、まさにそれが「自分《じぶん》らしさ」につながるということがわかりますね。

性《せい》のありかたをあらわす4軸《じく》

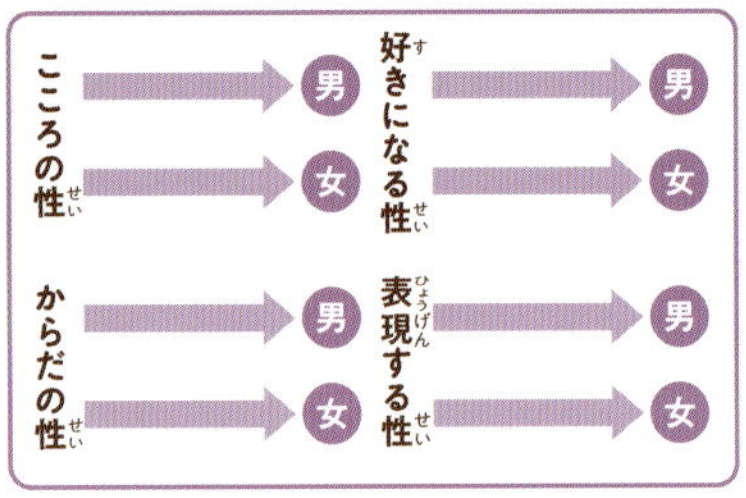

それぞれの矢印《やじるし》は、右《みぎ》に行《い》けば行《い》くほど、「男《おとこ》」であること、あるいは「女《おんな》」であることの度合《どあ》いが強《つよ》いことをあらわします。「男《おとこ》」の部分《ぶぶん》も「女《おんな》」の部分《ぶぶん》もあるなと感《かん》じたら、両方《りょうほう》にマークをしてもいいのが特徴《とくちょう》です。また、はっきり「自分《じぶん》はこの位置《いち》だ」と示《しめ》すことがむずかしい場合《ばあい》は、マークを大《おお》きくする、マークをしないなど自由《じゆう》なつけかたができます。

＊本書《ほんしょ》では、すべてご本人《ほんにん》にマークをしてもらいました。

（鈴《すず》木《き》南《な》十《と》星《せ》さん）

22歳《さい》・大学生《だいがくせい》

電車《でんしゃ》で移動《いどう》している時間《じかん》が大好《だいす》きです。遠《とお》くまで行《い》くだけで、駅《えき》から出《で》なくてもいいくらい（笑）。とにかく電車《でんしゃ》に乗《の》っていれば幸《しあわ》せ！

（中《なか》村《むら》健《けん》さん）

21歳《さい》・大学生《だいがくせい》

集中《しゅうちゅう》できて落《お》ち着《つ》くから、料理《りょうり》が大好《だいす》き！ お弁当《べんとう》のおかずやお菓子《かし》をたくさん作《つく》って、友《とも》だちに配《くば》ることもありますよ！

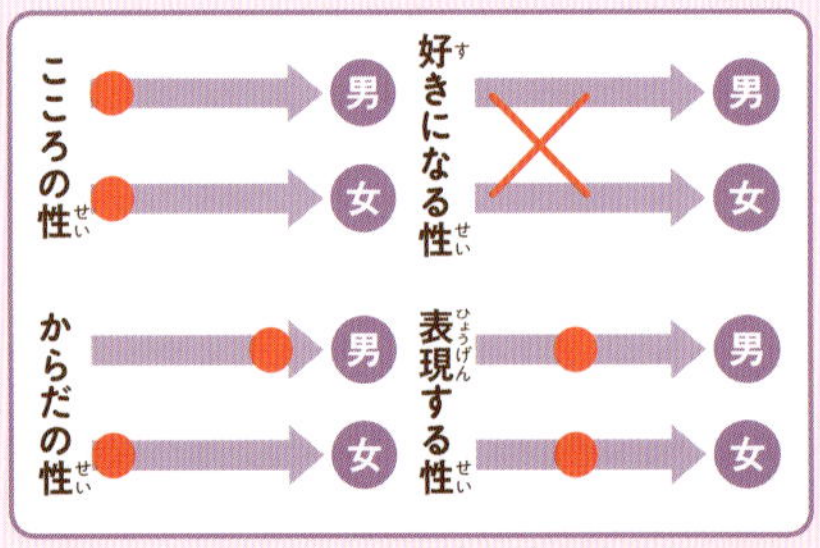

仲《なか》の良《よ》い友《とも》だちはいるけど、恋愛感情《れんあいかんじょう》をもつことがありません。同《おな》じように恋愛感情《れんあいかんじょう》をもたない人《ひと》どうしのオフ会《かい》を開《ひら》いたり、多様《たよう》な性《せい》について考《かんが》える動画配信《どうがはいしん》をしたりしています。

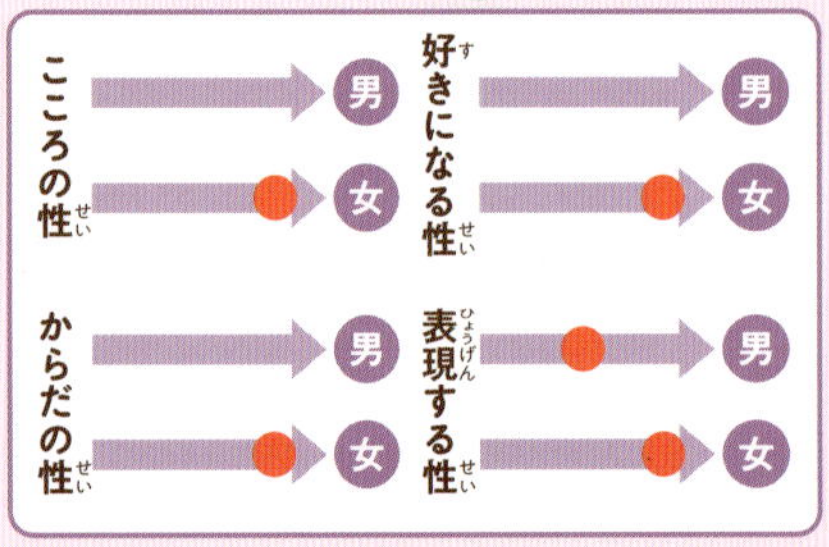

からだもこころも女性《じょせい》で、好《す》きになるのも女《じょ》性《せい》。理解《りかい》しようとしてくれる人《ひと》もいますが、興味本位《きょうみほんい》で心《こころ》ない言葉《ことば》を言《い》う人《ひと》もいて、偏見《へんけん》をもつ人《ひと》はまだまだ多《おお》いと感《かん》じています。

古《ふる》堂《どう》達《たつ》也《や》さん

25歳《さい》・専《せん》門《もん》学《がっ》校《こう》生《せい》

美《お》味《い》しいパフェめぐりにハマってます！社《しゃ》会《かい》福《ふく》祉《し》士《し》をめざして勉《べん》強《きょう》中《ちゅう》！

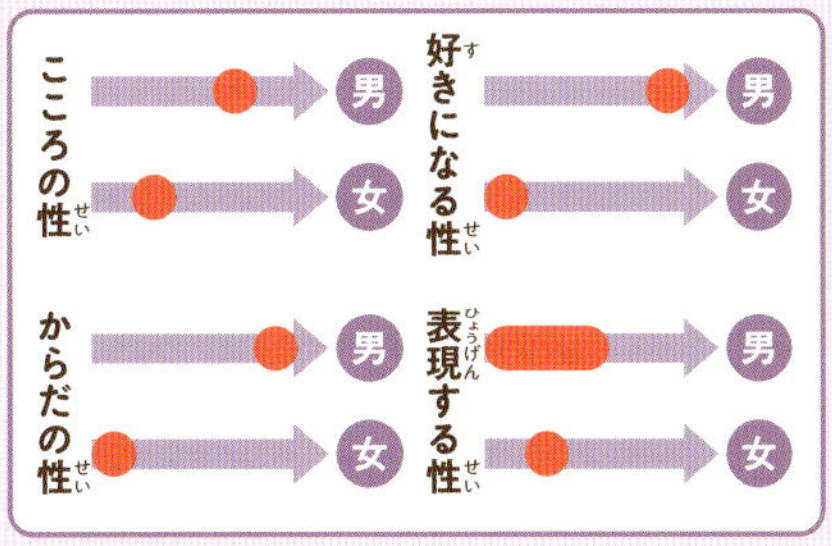
こころの性《せい》
男
女
好《す》きになる性《せい》
男
女
からだの性《せい》
男
女
表《ひょう》現《げん》する性《せい》
男
女

こころの性《せい》は、どちらかというと男性《だんせい》のほうが強《つよ》く、好《す》きになる相手《あいて》は男性《だんせい》。表現《ひょうげん》する性《せい》はあまり男性《だんせい》に寄《よ》ってはいませんが、女《じょ》性《せい》になりたいわけではありません。

落《おち》合《あい》瑞《みず》季《き》さん

20歳《さい》・大《だい》学《がく》生《せい》

ダンスに柔《じゅう》道《どう》、バイク、写《しゃ》真《しん》など、やりたいことがいっぱい。カッコイイ筋《きん》肉《にく》質《しつ》のからだになりたい！

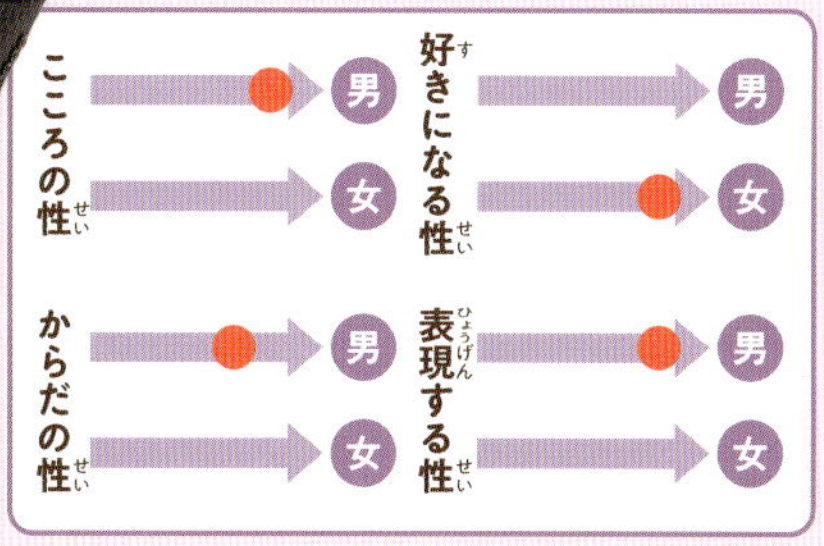
こころの性《せい》
男
女
好《す》きになる性《せい》
男
女
からだの性《せい》
男
女
表《ひょう》現《げん》する性《せい》
男
女

女性《じょせい》のからだで生《う》まれたけどずっと違和《いわ》感《かん》があり、性別適合手術《せいべつてきごうしゅじゅつ》を受《う》けて、戸籍上《こせきじょう》も男性《だんせい》になりました。いまは女性《じょせい》のパートナーがいて、将来《しょうらい》は結婚《けっこん》して子《こ》どもを育《そだ》てたいと思《おも》っています。

ぬまこさん

24歳《さい》・会《かい》社《しゃ》員《いん》

高《こう》校《こう》では吹《すい》奏《そう》楽《がく》部《ぶ》で、パーカッションを担《たん》当《とう》していました。歌《か》手《しゅ》のａｉｋｏさんが大《だい》好《す》き！

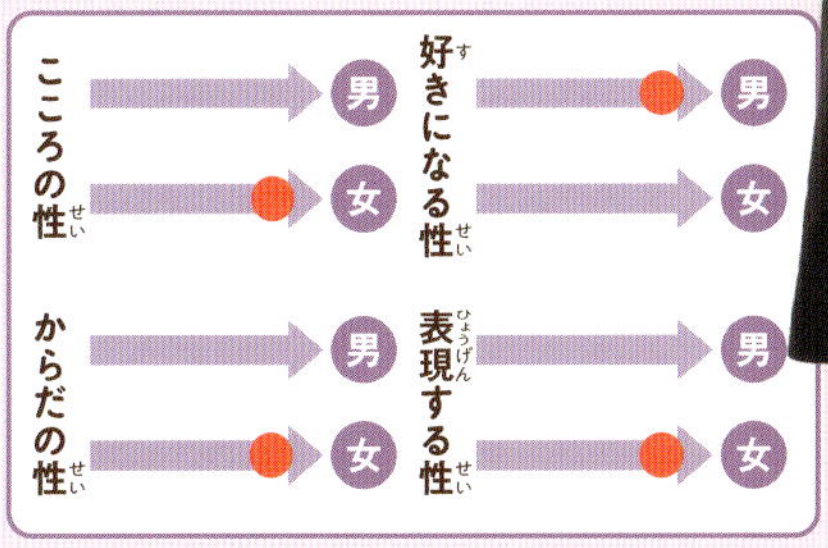
こころの性《せい》
男
女
好《す》きになる性《せい》
男
女
からだの性《せい》
男
女
表《ひょう》現《げん》する性《せい》
男
女

こころもからだも女性《じょせい》、つき合《あ》いたいのは男《だん》性《せい》です。性《せい》のありかたで悩《なや》む人《ひと》がそばにいたことがきっかけで、アライ(LGBTを理解《りかい》し、応援《おうえん》する人《ひと》のこと)として活動《かつどう》するようになりました。

上《うえ》田《だ》野《の》乃《の》花《か》さん

21歳《さい》・大《だい》学《がく》生《せい》

図《ず》画《が》工《こう》作《さく》が大《だい》好《す》き。夢《ゆめ》は小《しょう》学《がっ》校《こう》の先《せん》生《せい》。悩《なや》んでいる子《こ》の相《そう》談《だん》に乗《の》り、自《じ》己《こ》表《ひょう》現《げん》できるようにしてあげたい。

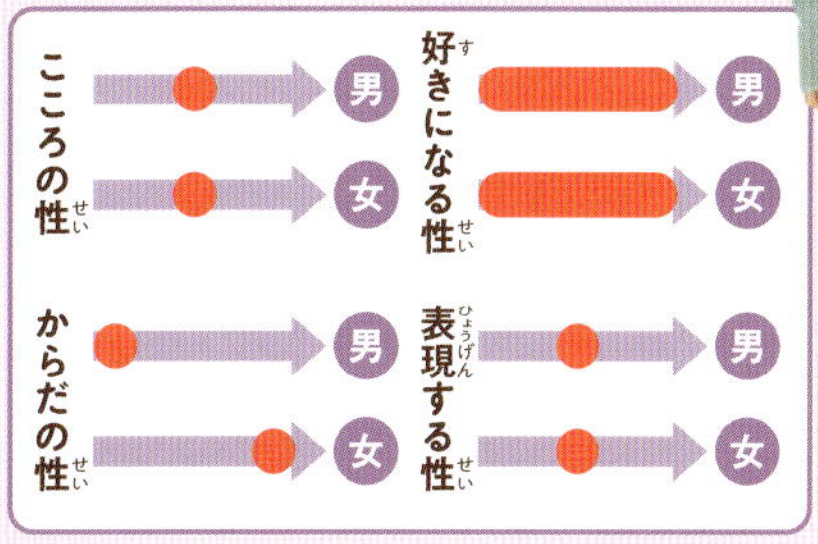
こころの性《せい》
男
女
好《す》きになる性《せい》
男
女
からだの性《せい》
男
女
表《ひょう》現《げん》する性《せい》
男
女

女性《じょせい》を好《す》きになったこともあるし、男性《だんせい》を好《す》きになったこともあります。人《ひと》を好《す》きになるときに性別《せいべつ》は関係《かんけい》ありません。将来《しょうらい》、パートナーになる人《ひと》の性別《せいべつ》に関係《かんけい》なく、結婚式《けっこんしき》はあげてみたいです。

④ いろいろな性《せい》のありかたの名前《なまえ》を知《し》ろう

いろいろな性《せい》には、それぞれ名前《なまえ》がついています。性《せい》のことを正《ただ》しく理解《りかい》するために、それぞれの名前《なまえ》と意味《いみ》を、ここで知《し》りましょう。

性《せい》のありかたをあらわす名前《なまえ》はたくさんある

あなたは性《せい》のありかたをあらわす名前《なまえ》を知《し》っていますか？　たとえば「同性愛《どうせいあい》」とか、あるいは「ゲイ」「レズビアン」という名前《なまえ》を聞《き》いたことがあるという人《ひと》がいるかもしれませんね。テレビや雑誌《ざっし》、マンガに出《で》てくることもあるでしょうし、友《とも》だちから聞《き》いたという人《ひと》もいるでしょう。こうした性《せい》のありかたについての名前《なまえ》を使《つか》うときは、なるべく正《ただ》しくその意味《いみ》を知《し》っておくことがたいせつです。あいまいな知識《ちしき》や、まちがった理解《りかい》のまま気軽《きがる》に使《つか》うと、だれかを傷《きず》つけたりすることがあるからです。

性《せい》のありかたをあらわす名前《なまえ》はたくさんあります。ここでは「いろいろな『好《す》き』をあらわす名前《なまえ》」と「こころの性《せい》とからだの性《せい》の関係《かんけい》をあらわす名前《なまえ》」の二《ふた》つの視点《してん》からまとめました。（ここにある以外《いがい》にも、たくさんの性《せい》のありかたをあらわす名前《なまえ》があります）

いろいろな「好《す》き」をあらわす名前《なまえ》

同性愛《どうせいあい》
ホモセクシュアル
こころの性《せい》と同《おな》じ性別《せいべつ》の人《ひと》を好《す》きになる人《ひと》

レズビアン
こころの性《せい》が女性《じょせい》で、女性《じょせい》が好《す》きな人《ひと》

ゲイ
こころの性《せい》が男性《だんせい》で、男性《だんせい》が好《す》きな人《ひと》

異性愛《いせいあい》
ヘテロセクシュアル
こころの性《せい》が女性《じょせい》で、男性《だんせい》が好《す》きな人《ひと》
こころの性《せい》が男性《だんせい》で、女性《じょせい》が好《す》きな人《ひと》

無性愛《むせいあい》
アセクシュアル
どの性別《せいべつ》の人《ひと》も好《す》きにならない人《ひと》

全性愛《ぜんせいあい》
パンセクシュアル
好《す》きになる相手《あいて》の性別《せいべつ》は問《と》わない人《ひと》

両性愛《りょうせいあい》
バイセクシュアル
男性《だんせい》も女性《じょせい》も好《す》きになる人《ひと》

性《せい》のありかたは人《ひと》それぞれ

このページにのっているもののほかにも、自分《じぶん》の性《せい》のありかたを決《き》めない「クエスチョニング」など、人《ひと》の数《かず》だけ性《せい》のありかたがあります。

ここでたいせつなのは、性《せい》のありかたを決《き》められるのは自分《じぶん》だけだということです。だれかの性《せい》のありかたを、見《み》た目《め》などで、ほかの人《ひと》が決《き》めつけることはできません。また、「自分《じぶん》の性《せい》のありかたは●●だ」と感《かん》じたとしても、あとで変《か》わったり迷《まよ》ったりしていいのです。さらに、「自分《じぶん》の性《せい》のありかたがわからない」と思《おも》う場合《ばあい》は、無理《むり》に決《き》めなくてもいいのです。あなた自身《じしん》がいま感《かん》じている自《じ》分《ぶん》の性《せい》のありかたをたいせつにしてください。

からだの性《せい》についても さまざまな場合《ばあい》がある

LGBT(→P.22)とはまた少《すこ》しちがいますが、男性《だんせい》、女《じょ》性《せい》、それぞれにもいろいろな顔《かお》があるように、からだの外側《そとがわ》やからだつき、からだの内側《うちがわ》、染色体《せんしょくたい》の種《しゅ》類《るい》など、「男性《だんせい》のからだ」「女性《じょせい》のからだ」にも、じつはさまざまな状態《じょうたい》があります。からだや顔《かお》つきがちょっとちがうというだけで、「男《おとこ》じゃない・女《おんな》じゃない」ということにはならないのです。

＊ネクスDSDジャパン

こころの性《せい》とからだの性《せい》の関係《かんけい》をあらわす名前《なまえ》

トランスジェンダー

自分《じぶん》のこころの性《せい》とからだの性《せい》が合《あ》っていないと感《かん》じる人《ひと》、からだの性《せい》によってわりあてられた性《せい》を超《こ》えて生《い》きたいと思《おも》う人《ひと》

シスジェンダー

自分《じぶん》のこころの性《せい》とからだの性《せい》が合《あ》っていると感《かん》じる人《ひと》

＊こころの性《せい》が女性《じょせい》で、生《う》まれたときのからだの性《せい》が男《だん》性《せい》の人《ひと》を「トランスジェンダー女性《じょせい》」や「MtF(Male-to-Female)」、こころの性《せい》が男性《だんせい》で、生《う》まれたときのからだの性《せい》が女性《じょせい》の人《ひと》を「トランスジェンダー男性《だんせい》」や「FtM(Female-to-Male)」と呼《よ》ぶこともあります。ですが、どんな名前《なまえ》で呼《よ》んでほしいかは、人《ひと》によって異《こと》なります。

＊また、こころの性《せい》を、男《おとこ》と女《おんな》のどちらかのみだと感《かん》じていない人《ひと》もいます。「男性《だんせい》と女性《じょせい》の両方《りょうほう》」「その中間《ちゅうかん》」「自分《じぶん》のこころに性別《せいべつ》はない」など、感《かん》じかたは人《ひと》それぞれです。「X《エックス》ジェンダー」などの名前《なまえ》で名乗《なの》る人《ひと》もいます。

「トランスジェンダー」「シスジェンダー」という分《わ》けかたがしっくりこないと感《かん》じる人《ひと》や、分《わ》ける必要《ひつよう》がないと思《おも》う人《ひと》などもいます。「ジェンダークィア」「ジェンダーベンダー」などと名乗《なの》っている人《ひと》もいますし、そもそも名乗《なの》る必要《ひつよう》を感《かん》じないと考《かんが》える人《ひと》もいます。

5 LGBTってどういう意味《いみ》？

「LGBT」という言葉《ことば》を聞《き》いたことはありますか？
最近《さいきん》よく聞《き》かれるようになったこの言葉《ことば》は、
どんな意味《いみ》なのかを見《み》ていきましょう。

セクシュアルマイノリティの人《ひと》たちをあらわす言葉《ことば》

性《せい》のありかたは、「男性《だんせい》のからだをもって生《う》まれ、自分《じぶん》を男性《だんせい》だと思《おも》って成長《せいちょう》し、女性《じょせい》を好《す》きになる」か、「女性《じょせい》のからだをもって生《う》まれ、自分《じぶん》を女性《じょせい》だと思《おも》って成長《せいちょう》し、男性《だんせい》を好《す》きになる」の二通《ふたとお》りが一般的《いっぱんてき》とされてきましたが、そうではない性《せい》のありかたをしている人《ひと》たちが、自分《じぶん》たちの性《せい》のありかたを前向《まえむ》きにとらえる表現《ひょうげん》として使《つか》いはじめたのが、「LGBT」という言葉《ことば》です。

LGBTとは、「レズビアン（L）」「ゲイ（G）」「バイセクシュアル（B）」「トランスジェンダー（T）」の英語《えいご》の頭文字《かしらもじ》を合《あ》わせた言葉《ことば》です。この4つの性《せい》のありかたは、これまでに説明《せつめい》した通《とお》りです。「LGBT」という言葉《ことば》は「パンセクシュアル」「アセクシュアル」「こころの性《せい》が移《うつ》り変《か》わる人《ひと》」「性《せい》を決《き》めたくない

SOGIEという考《かんが》えかた

LGBTに代《か》わって、「SOGIE（ソジー／ソジイー）」や「SOGI（ソジ）」という言葉《ことば》も使《つか》われるようになってきました。これは「セクシュアルマイノリティの人《ひと》もそうでない人《ひと》も、それぞれに好《す》きのありかた（好《す》きになる性《せい》）やこころの性《せい》の感《かん》じかたがあり、自《みずか》らを表現《ひょうげん》する服装《ふくそう》や言動《げんどう》（表現《ひょうげん》する性《せい》）も多様《たよう》である」という考《かんが》えから生《う》まれた言葉《ことば》です。「セクシュアルマイノリティの権利《けんり》を守《まも》ろう」から「すべての人《ひと》がもっているそれぞれの性《せい》のありかたをおたがいに尊重《そんちょう》しよう」という考《かんが》えかたに変《か》わっていくことで、すべての人《ひと》にかかわる人権《じんけん》のテーマになっています。

＊「Sexual Orientation（好《す》きになる性《せい》）」「Gender Identity（こころの性《せい》）」の頭文字《かしらもじ》を並《なら》べて「SOGI」、それに「Expression（表現《ひょうげん》する性《せい》）」を加《くわ》えたのが「SOGIE」。

ある学校《がっこう》のクラス写真《しゃしん》

*電通総研《でんつうそうけん》と電通《でんつう》ダイバーシティ・ラボが2012年《ねん》に行《おこな》った調査《ちょうさ》によると約《やく》5.2パーセントの人《ひと》たちがLGBTだという結果《けっか》が出《で》ました。2015年《ねん》に電通《でんつう》ダイバーシティ・ラボが行《おこな》った調査《ちょうさ》では、約《やく》7.6パーセント、2016年《ねん》に博報堂《はくほうどう》DYホールディングスとLGBT総合研究《そうごうけんきゅう》所《じょ》が行《おこな》った調査《ちょうさ》によると約《やく》8.0パーセントの人《ひと》たちがLGBTだという結果《けっか》が出《で》ました。

名字《みょうじ》が「高橋《たかはし》」「伊藤《いとう》」の人《ひと》が、このクラスには2人《ふたり》います。同《おな》じような割合《わりあい》でLGBTの人《ひと》もいるかもしれません。

人《ひと》」など、いろいろな「セクシュアルマイノリティ（性的少数者《せいてきしょうすうしゃ》）」の人《ひと》たちを総称《そうしょう》するときに使《つか》われることもあります。（この本《ほん》ではこれ以《い》降《こう》、セクシュアルマイノリティ全体《ぜんたい》をさす意味《いみ》で、「LGBT」という言葉《ことば》を使用《しよう》していきます）

LGBTの人《ひと》たちは身近《みぢか》にいるの？

あなたは、LGBTの人《ひと》に会《あ》ったことはありますか？　「会《あ》ったことはない」と言《い》う人《ひと》が多《おお》いかもしれませんね。でも、LGBTの人《ひと》はあなたの学校《がっこう》や、クラス、そして家族《かぞく》や親《しん》せきなど、とても身近《みぢか》なところにいても不《ふ》思議《しぎ》ではないのです。

それでは、LGBTの人《ひと》たちはどれくらいいるのでしょうか。これまでいくつかの企業《きぎょう》や研究所《けんきゅうじょ》で調査《ちょうさ》が行《おこな》われてきましたが、それらの調査結果《ちょうさけっか》によると、LGBTの人《ひと》は、日本の人口《じんこう》の約《やく》5パーセントから8パーセント程度《ていど》と言《い》われています。となると、おおよそ13人《にん》から20人《にん》に1人《ひとり》という計算《けいさん》になります。

13人《にん》に1人《ひとり》という比率《ひりつ》は、日本で多《おお》い名字《みょうじ》の上位《じょうい》6位《い》である「佐藤《さとう》」「鈴木《すずき》」「高橋《たかはし》」「田《た》中《なか》」「渡辺《わたなべ》」「伊藤《いとう》」の人《ひと》が人口《じんこう》に占《し》める比率《ひりつ》とほぼ同《おな》じです（*2013年《ねん》の明治安田生命全国同《めいじやすだせいめいぜんこくどう》姓調査《せいちょうさ》より）。そう考《かんが》えると、LGBTの人《ひと》はけっこう身近《みぢか》にいると思《おも》いませんか。

6 性《せい》のありかたは十人十色《じゅうにんといろ》

ここまで読《よ》んできたあなたは、いろいろな性《せい》のありかたがあるのがわかってきたと思《おも》います。いろいろな性《せい》のありかたを尊重《そんちょう》し合《あ》おうという思《おも》いは、虹《にじ》の色《いろ》にたとえられているのです。

自分《じぶん》は
男《おとこ》でも女《おんな》でもないと
思《おも》っているよ

いま好《す》きなのは
●●さん!
性別《せいべつ》とか関係《かんけい》なくて
●●さんだから好《す》きなの!

いま○○くんと
つき合《あ》ってるんだ

いろいろな性《せい》のありかたを虹《にじ》（レインボー）にたとえて

ここまで、いろいろな性《せい》のありかたの名前《なまえ》を紹介《しょうかい》してきましたが、名前《なまえ》より大事《だいじ》なのは、人《ひと》の数《かず》だけ性《せい》のありかたがあるということです。

たとえば、こころの性《せい》は男性《だんせい》で、からだの性《せい》は女性《じょせい》の人《ひと》がいるとしましょう。さて、その人《ひと》が好《す》きになるのは男性《だんせい》でしょうか？　それとも女性《じょせい》？

その答《こた》えは……「人《ひと》それぞれ」です。男性《だんせい》が好《す》きだという人《ひと》もいますし、女性《じょせい》が好《す》きだという人《ひと》もいます。また、男性《だんせい》も女性《じょせい》も好《す》きになるという人《ひと》もいますし、どの性別《せいべつ》の人《ひと》も好《す》きにならないという人《ひと》もいます。ほんとうにその人《ひと》しだいなのです。

いろいろな性《せい》のありかたをあらわすシンボルとして、6色《しょく》の虹《にじ》（レインボー）のイメージが世界中《せかいじゅう》で使《つか》われています。虹《にじ》はグラデーショ

「中性的《ちゅうせいてき》だね」って
言《い》われるけど
こころもからだも
男《おとこ》だよ

「ふつう」「ふつうじゃない」という区別《くべつ》のない未来《みらい》へ

わたしたちは、このさかい目《め》がはっきりわからない虹《にじ》のどこかにいて、だれひとりとして同《おな》じではありません。ひとりずつちがう性《せい》のありかたをしているので、だれが「ふつう」の性《せい》で、だれが「ふつうじゃない」性《せい》なのかという区別《くべつ》はありません。これは性別《せいべつ》だけに限《かぎ》らず、どのような特性《とくせい》にも言《い》えることです。「ふつう」だとか「ふつうじゃない」という区別《くべつ》を押《お》しつけず、その人《ひと》らしさや自分《じぶん》らしさを大事《だいじ》にできる世《よ》の中《なか》にしていきたいですね。

好《す》きな人《ひと》に
バレンタインの
チョコをあげたよー

●●くんに
告白《こくはく》したいなぁと
思《おも》っているの

スカートはイヤ！
家《いえ》でも学校《がっこう》でも
ズボンだよ

ン（色《いろ》が連続《れんぞく》して変化《へんか》しているようす）となっていて、色《いろ》のさかい目《め》がはっきりわからないことから、性《せい》のさまざまなありかた（多様性《たようせい》といいます）をたとえていると言《い》われています。わたしたちは、この虹《にじ》の中《なか》のどこかにいるメンバーのひとりです。おたがいの性《せい》のありかたを尊重《そんちょう》し、協力《きょうりょく》し合《あ》って生《い》きていけると素敵《すてき》ですね。

わたしのライフヒストリー 1

平尾《ひら》《お》春華《しゅんか》さん

29歳《さい》・研究員《けんきゅういん》

周囲《しゅうい》からの期待《きたい》や圧力《あつりょく》に負《ま》けないで自分《じぶん》で考《かんが》えたことを選《えら》んでみよう。

算数《さんすう》と理科《りか》がずっと得意《とくい》だった春華《しゅんか》さん。いまは海洋工学《かいようこうがく》の研究所《けんきゅうしょ》で仕事《しごと》に打《う》ちこんでいます。小《しょう》6からなんとなく感《かん》じてきた自分《じぶん》の性《せい》への違和感《いわかん》について、19歳《さい》で自覚《じかく》しました。「男《おとこ》か女《おんな》か、どちらか極端《きょくたん》に決《き》めなくても生《い》きやすい社会《しゃかい》にしたい」と春華《しゅんか》さんはほほえみます。

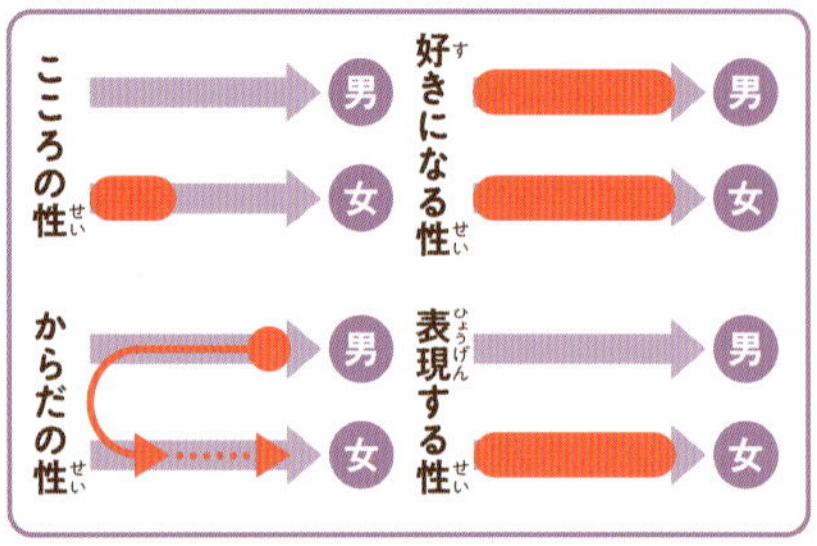

春華《しゅんか》さんはトランスジェンダーの女性《じょせい》。自分《じぶん》で自分《じぶん》のことを説明《せつめい》するときは“トランス女子《じょし》”という言《い》いかたも。相手《あいて》の性別《せいべつ》にこだわらずに人《ひと》を好《す》きになるパンセクシュアルです。

自分《じぶん》の性別《せいべつ》への違和感《いわかん》に あとからゆっくり気《き》づいた

――いま、どんなお仕事《しごと》をされていますか?

専門《せんもん》は船舶《せんぱく》・海洋工学《かいようこうがく》という分野《ぶんや》です。会社《かいしゃ》では、海《うみ》に関係《かんけい》するありとあらゆる建物《たてもの》や船《ふね》などについて、その安全性《あんぜんせい》や性能《せいのう》を研究《けんきゅう》しています。仕事《しごと》はとても楽《たの》しいです。

――小《ち》さいころから、理系《りけい》の勉強《べんきょう》が得意《とくい》でしたか?

はい。小学生《しょうがくせい》のころから算数《さんすう》や理科《りか》が得意《とくい》で、高校《こうこう》も1年生《ねんせい》から理系《りけい》のコースに進《すす》みました。研究職《けんきゅうしょく》につきたい、という思《おも》いが昔《むかし》からありましたね。その後《ご》は大学《だいがく》を出《で》て、大学院《だいがくいん》の修士課程《しゅうしかてい》に進学《しんがく》しました。

――どんな思春期《ししゅんき》を過《す》ごしていましたか？

小学校《しょうがっこう》のときから、女《おんな》の子たちが着《き》る服《ふく》は「男子《だんし》とちがって、かわいくていいな」と思《おも》っていました。ためしに家《いえ》で、母親《ははおや》の服《ふく》をこっそり着《き》てみたりして。でもだからといって、「自分《じぶん》は女《おんな》の子《こ》なんじゃないか」とは思《おも》っていなかったんですよ。

――自分《じぶん》の性《せい》への違和感《いわかん》はなかったんですね。

そうですね。少《すこ》しはあったけど、ほぼありませんでした。好《す》きになる子《こ》は女《おんな》の子《こ》でしたから。でも小学校高学年《しょうがっこうこうがくねん》の途中《とちゅう》から、声変《こえが》わりが始《はじ》まって……言葉《ことば》にできないけど、なにかとてもイヤだった。自分《じぶん》の身体《からだ》の毛《け》が濃《こ》くなるのも、すごくイヤでした。でもなぜ、いったいなにがイヤなのか、当時《とうじ》は全然《ぜんぜん》わかりませんでした。自分《じぶん》の中《なか》でモヤモヤしたものがあるだけ。見《み》えないものを手《て》で触《さわ》っているんだけど、その正体《しょうたい》がなんなのかまったくわからない感《かん》じでしたね。

――中学校《ちゅうがっこう》の男女別《だんじょべつ》の制服《せいふく》についてはどうでしたか？

男子《だんし》の制服《せいふく》には意外《いがい》と抵抗感《ていこうかん》がなかったんです。もう慣《な》れてしまっていたというか。ただ、女子《じょし》の制服《せいふく》はいいな、着《き》てみたいな、とずっと感《かん》じていました。でも自分《じぶん》が男子《だんし》である限《かぎ》り、女子《じょし》の服《ふく》は人前《ひとまえ》で着《き》るものではないんだろう……とぼんやり思《おも》っていました。それより高《こう》校《こう》の体操服《たいそうふく》がイヤでしたね。男子《だんし》はとにかく丈《たけ》の短《みじか》いパンツだったので。でも当時《とうじ》は、考《かんが》えてもしょうがない、そんな気持《きも》ちで割《わ》りきっていました。

――好《す》きになる相手《あいて》については、どうでしたか？

好《す》きになるのは女性《じょせい》で、高校《こうこう》のときは彼女《かのじょ》もいました。でもそのあと19歳《さい》で、はじめて男《だん》性《せい》を好《す》きになったことがあったんです。それがきっかけで、自分《じぶん》の性《せい》のありかたを見《み》つめ直《なお》しました。そこで自分《じぶん》のこころの性《せい》は女性《じょせい》なのではないかと気《き》づき、納得《なっとく》できたというか、とてもスッキリしたんです。声変《こえが》わりがイヤだったのも、女子《じょし》の制服《せいふく》がうらやましかったのも、そうか、もしかしたら……と。そのことがあって、インターネットでいろいろと調《しら》べはじめました。

会社《かいしゃ》ではヨット部《ぶ》の活動《かつどう》も楽《たの》しんでいる春華《しゅんか》さん。時《じ》間《かん》が限《かぎ》られている社会人生活《しゃかいじんせいかつ》の中《なか》、研究《けんきゅう》とLGBT社《しゃ》会運動《かいうんどう》の両方《りょうほう》を精力的《せいりょくてき》にこなしています。

――調《しら》べはじめてからは、どんな発見《はっけん》がありましたか？

ネットでよく見《み》かけるトランスジェンダーのケースは、わりと小《ちい》さいころから性別《せいべつ》に違《い》和感《わかん》をもつ人《ひと》のお話《はなし》が多《おお》かったんです。だから自分《じぶん》のように、気《き》づくのが遅《おそ》い人《ひと》はあまりネットには書《か》きこみをしないんだなと。でも調《しら》べてみたことで、自分《じぶん》について「男性《だんせい》のからだに生《う》まれたけど、女性《じょせい》として生《い》きたい人間《にんげん》なんだ」と確信《かくしん》がもてました。やっと自分《じぶん》のことがわかった、そんな気持《きも》ちでしたね。

両親《りょうしん》からの理解《りかい》も あせらずにじっくりと

――ご自身《じしん》の気持《きも》ちに気《き》がついてからは、どんな変化《へんか》がありましたか？

私《わたし》は大学《だいがく》も大学院《だいがくいん》もずっと実家《じっか》から通《かよ》っていたので、自分《じぶん》の違和感《いわかん》の正体《しょうたい》に気《き》がついてからも、すぐに生活《せいかつ》を変《か》えることはしませんでした。社会人《しゃかいじん》になって、就職《しゅうしょく》をしてから生活《せいかつ》を変《か》えてみようと決意《けつい》したんです。

当時《とうじ》は「トランスジェンダー」という言葉《ことば》はほとんど知《し》られていなかったし、なにより両《りょう》親《しん》がLGBTの人《ひと》たちを毛嫌《けぎら》いしていました。男性《だんせい》として生《う》まれつつ、表現《ひょうげん》が女性的《じょせいてき》な人《ひと》がテレビに出《で》ていると「気持《きも》ち悪《わる》い」と言《い》っていて……。だから両親《りょうしん》にはしばらく言《い》えませんでした。

——仕事《しごと》が決《き》まり、ひとり暮《ぐ》らしを始《はじ》めてからはどうでしたか？

まずは女性《じょせい》ものの洋服《ようふく》を通販《つうはん》で買《か》いました。家《いえ》にいるときくらいは、自分《じぶん》がほんとうに好《す》きなかっこうをしようと思《おも》って。スカートをはいたときは、とてもしっくりきましたね。「こっちが自分《じぶん》にとって『ふつう』だな」と思《おも》いました。

そのあとはダイエットをして、病院《びょういん》の皮膚《ひふ》科《か》に永久《えいきゅう》脱毛《だつもう》に通《かよ》いました。約《やく》1年《ねん》で顔《かお》まわりの脱毛《だつもう》を終《お》えたころ、26歳《さい》で会社《かいしゃ》の同僚《どうりょう》にはじめてカミングアウトしました。「じつはこれからは、女性《じょせい》として生《い》きたい」と。

——反応《はんのう》はどうでしたか？

最初《さいしょ》はおどろかれましたが、考《かんが》えかたが柔《じゅう》軟《なん》な人《ひと》が多《おお》かったようで、すぐに理解《りかい》してもらえましたね。むしろこちらがとまどうくらい、すんなりでした（笑）。

私《わたし》はもともと中性的《ちゅうせいてき》な印象《いんしょう》の服《ふく》を着《き》ていたんですが、会社《かいしゃ》にカミングアウトしてからは、髪《かみ》の毛《け》をだんだんと伸《の》ばしていき、表現《ひょうげん》する性《せい》が女性《じょせい》に近《ちか》づいていったかたちです。会社《かいしゃ》全体《ぜんたい》に知《し》ってもらったことで、思《おも》うような姿《すがた》で働《はたら》けるようになりました。

——ご両親《りょうしん》へのカミングアウトは？

最初《さいしょ》から「家族《かぞく》の理解《りかい》を得《え》るのはむずかしいかも」と覚悟《かくご》していました。だから先《さき》に、家《か》庭《てい》よりも会社《かいしゃ》でカミングアウトしたんですね。

その後《ご》、両親《りょうしん》には打《う》ち明《あ》けましたが、父《ちち》の理解《りかい》はまだまだこれからです。母《はは》はとまどっている部分《ぶぶん》もありつつ、ときどき会話《かいわ》はできています。家族《かぞく》とは、長《なが》い時間《じかん》をかけてゆっくり話《はな》し合《あ》っていこうと思《おも》っています。

親《おや》へのカミングアウトのむずかしさに悩《なや》んでいた当時《とうじ》、思《おも》いきってLGBTの人《ひと》たちが集《あつ》まるカフェへ出《で》かけたんです。そのときにたくさんの仲間《なかま》に出会《であ》えたからこそ、いまこうしてLGBTの社会活動《しゃかいかつどう》に力《ちから》を入《い》れる自分《じぶん》がいます。

——今後《こんご》はどんなことに力《ちから》を入《い》れていきたいですか？

日本のトランスジェンダーは、男《おとこ》か女《おんな》か、どちらかの性別《せいべつ》をはっきりと選《えら》ばざるをえないような状況《じょうきょう》にあると思《おも》います。でもほんとうは、だれもが性別《せいべつ》のグラデーションの中《なか》にいると思《おも》うんですね。性別《せいべつ》について、男《おとこ》か女《おんな》かどちらかの選択肢《せんたくし》しかない日本の状況《じょうきょう》を少《すこ》しずつ変《か》えていきたいと思《おも》っています。

——読者《どくしゃ》のみんなにメッセージをお願《ねが》いします。

あなたの将来《しょうらい》について、まわりの人《ひと》があなたに「ああしたらいい」「こうしたらいい」と言《い》ってくることは、小《ちい》さいころからあることかもしれません。でも一方的《いっぽうてき》に押《お》しつけられたものを全部《ぜんぶ》受《う》けとめなくてもOK。まわりからの意見《いけん》に流《なが》されるのではなく、ほんとうに自分自身《じぶんじしん》が選《えら》びたいものはなんなのか、しっかり考《かんが》えてほしいです。

周囲《しゅうい》からの希望《きぼう》に対《たい》し「なにかちがう」と感《かん》じることは多《おお》かれ少《すく》なかれあると思《おも》います。それをいかに自分《じぶん》で考《かんが》えて、どう生《い》きていきたいのか。小《ちい》さいことからでいいので、考《かんが》えてみるといいと思《おも》います。科学者《かがくしゃ》のアインシュタインは、「常識《じょうしき》とは18歳《さい》までに集《あつ》めた偏見《へんけん》のコレクションである」と言《い》っています。いま教《おし》えられているのは、あくまでも世界《せかい》の一面《いちめん》であり、それが偏見《へんけん》にすぎないこともあります。せまい考《かんが》えかたにとらわれないでほしい。いろんな人《ひと》、いろんな考《かんが》えかたが世界《せかい》には存在《そんざい》しますから。

自分《じぶん》がなにをしたいのか
まずは小《ちい》さなことから
考《かんが》えはじめてみよう

第2章

LGBTの人《ひと》たちの気《き》持《も》ち

見《み》えない未来《みらい》

ユウ〜
アカリ!
見《み》て見《み》て! 昨日《きのう》コレ買《か》ったの
えー なにーー?
えへ
ヘアピン! おそろいでつけたくって二《ふた》つ買《か》っちゃった!
…!
アカリ大好《だいす》き
キャーーッ
ひしっ

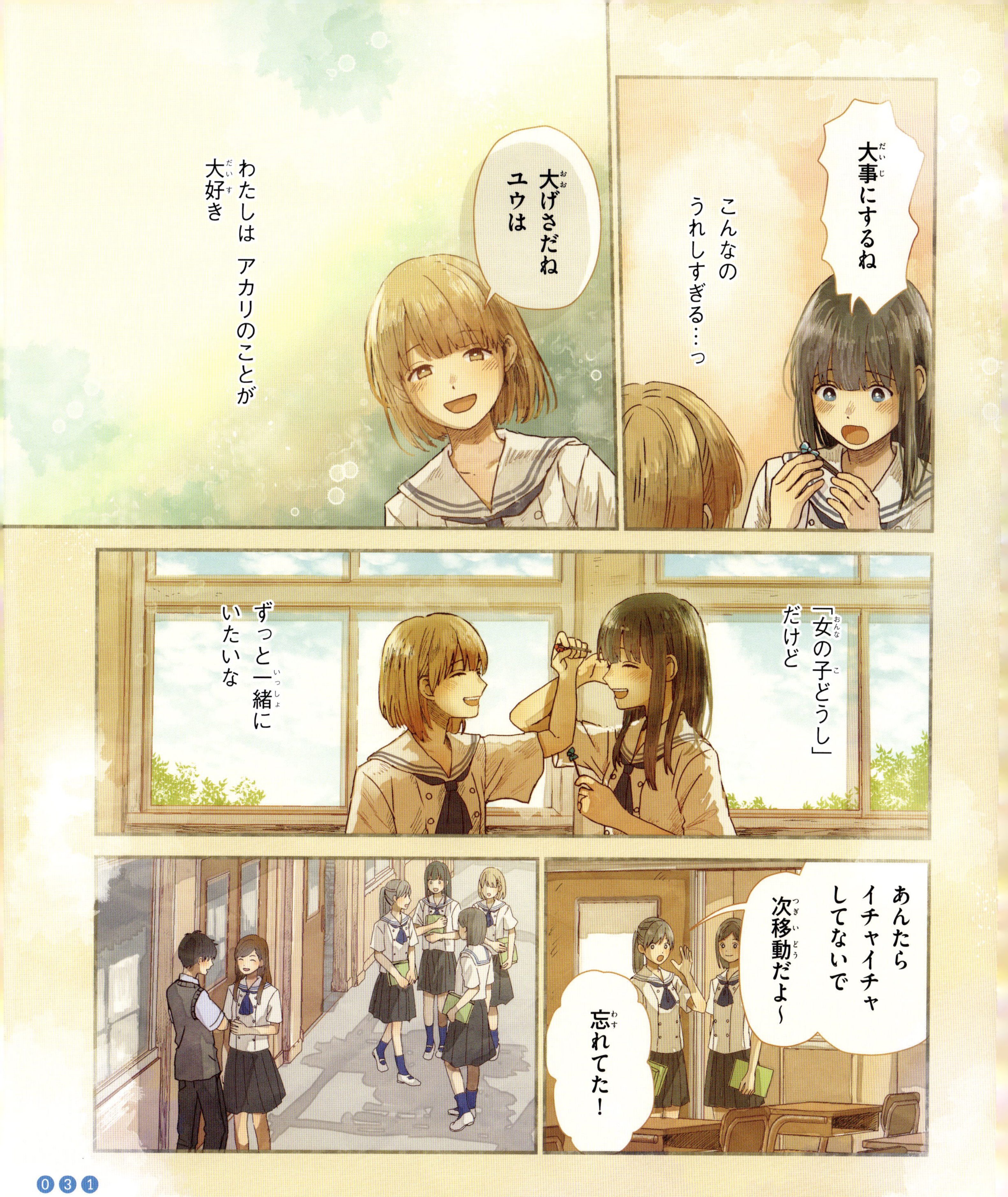
大事《だいじ》にするね
こんなの うれしすぎる…っ
大《おお》げさだね ユウは
わたしは アカリのことが 大好《だいす》き
「女《おんな》の子《こ》どうし」だけど
ずっと一緒《いっしょ》に いたいな
あんたら イチャイチャ してないで 次《つぎ》移動《いどう》だよ～
忘《わす》れてた！

いいよね、あの二人《ふたり》つき合《あ》ってるんだって
ええ！
気《き》づいたらうちのクラスも彼氏《かれし》もちばっかだよ！
はあ～彼氏《かれし》ほし～っ
アカリは好《す》きな男子《だんし》っていないの？
ん～
ドキ
じつはね…最近《さいきん》告《こく》られてさ
OKしてもいいかなーって…
…え──
そっか…アカリ、男子《だんし》とつき合《あ》うかもしれないんだ…
今日《きょう》はお味噌汁《みそしる》を作《つく》りまーす
将来結婚《しょうらいけっこん》したときにこれくらいは作《つく》れたほうがいいわよー
…

結婚《けっこん》かぁ…
わたしが好《す》きになるのは女《おんな》の子《こ》
家庭基礎
高等学校
改訂版
わたしもいつか好《す》きな人《ひと》と家族《かぞく》になれるのかな…
ユウ！一緒《いっしょ》にやろ！
う…うん…
わたしの幸《しあわ》せってなんだろう…
将来《しょうらい》なんて全然想像《ぜんぜんそうぞう》できないよ

① 自分《じぶん》らしくありたい！ でも……

わたしたちは、生《う》まれたときの見《み》た目《め》や特徴《とくちょう》で「男《おとこ》の子《こ》」、あるいは「女《おんな》の子《こ》」と決《き》められ、「男《おとこ》らしさ」「女《おんな》らしさ」を求《もと》められることがあります。そのことで「自分《じぶん》らしく」生《い》きていくことができないと感《かん》じている人《ひと》がいます。

もっと女《おんな》の子《こ》らしくしたほうが…

家庭《かてい》や学校《がっこう》などで「男《おとこ》は〜」や「女《おんな》は〜」という決《き》めつけがあると、自分《じぶん》がそこにあてはまらない場合《ばあい》、自分《じぶん》らしくふるまうことができません。こころが休《やす》まる場《ば》所《しょ》がなく、つらいと感《かん》じている人《ひと》もいます。

Aさんの悩《なや》み

髪《かみ》を長《なが》くするのはイヤだし、スカートもはきたくない！ サッカーチームに入《はい》りたいんだけど、「女《おんな》の子《こ》なんだからもっとおしとやかな習《なら》いごとにしなさい」と言《い》われる。

「ふつう」が人《ひと》を苦《くる》しめることもある

第《だい》1章《しょう》を読《よ》んだあなたは、いろいろな性《せい》のありかたを知《し》りましたね。こころの性《せい》とからだの性《せい》が同《おな》じ人《ひと》もいれば、そうではない人《ひと》もいる、異性《いせい》が好《す》きな人《ひと》もいれば、同性《どうせい》が好《す》きな人《ひと》もいるなど、それぞれの人《ひと》が異《こと》なる性《せい》のありかたをもっていることを紹介《しょうかい》してきました。

無理《むり》してるなあ…
オレさあ…

Bさんの悩《なや》み

話《はな》しかたやしぐさが女《おんな》っぽいってからかわれるんだよね。なるべく男《おとこ》っぽい言葉《ことば》づかいをするようにしているけど、毎日《まいにち》とても疲《つか》れちゃう。

自分本来《じぶんほんらい》の話《はな》しかたができないと、自分《じぶん》が自分《じぶん》でないような気持《きも》ちになっていきます。また、毎日《まいにち》なにかを話《はな》すたびに気《き》をつかわなくてはならない環境《かんきょう》だと、ストレスも大《おお》きくなってしまいます。

Cさんの悩《なや》み

将来《しょうらい》の話《はなし》をしていると「何歳《なんさい》で結婚《けっこん》したい?」「子《こ》どもは何人《なんにん》ほしい?」と聞《き》かれて、なんだかモヤモヤする。みんなが結婚《けっこん》や子育《こそだ》てをするわけじゃないと知《し》ってほしい。

みんなが、結婚《けっこん》や子育《こそだ》てをする将来像《しょうらいぞう》をもっているとは限《かぎ》りません。この話題《わだい》に限《かぎ》らず、自分《じぶん》とは異《こと》なる考《かんが》えかたや背景《はいけい》をもつ人《ひと》がいることを意識《いしき》しながらコミュニケーションをとりましょう。

ですが、世《よ》の中《なか》のすべての人《ひと》がいろいろな性《せい》のありかたについて知《し》っているわけではありません。身《み》のまわりには、「男《おとこ》」と「女《おんな》」の二《ふた》つで分《わ》けられていたり、異性《いせい》を好《す》きになることが前提《ぜんてい》とされていたりする場面《ばめん》がまだたくさんあります。

そのため、「自分《じぶん》は変《へん》なのかな?」と不安《ふあん》に思《おも》ったり、「ふつうでいなきゃ」と苦《くる》しい思《おも》いをしたりしながら生活《せいかつ》している人《ひと》もいます。

ここでは悩《なや》みの一例《いちれい》を見《み》てみましょう。

Dさんの悩《なや》み

まわりの男《おとこ》の子《こ》と同《おな》じように女《おんな》の子《こ》を好《す》きになれない……。同性《どうせい》を好《す》きになる自分《じぶん》はおかしいの? と思《おも》ってしまって、自分《じぶん》のことが受《う》け入《い》れられない。

LGBTの人《ひと》のなかには、「自分《じぶん》は変《へん》なんじゃないか」などと悩《なや》んでしまう人《ひと》もいます。その悩《なや》みのもとには、「こころの性《せい》とからだの性《せい》は同《おな》じなのがふつう」「異性愛《いせいあい》がふつう」という、世《よ》の中《なか》の認識《にんしき》があります。周囲《しゅうい》にいろいろな性《せい》のありかたについて知《し》っている人《ひと》がいれば、こういった悩《なや》みをもつ人《ひと》が減《へ》るかもしれません。

② 自分《じぶん》のことをかくさないといけないとき

「まわりにLGBTの人《ひと》はいない」と思《おも》われていたり、周囲《しゅうい》の人《ひと》がいろいろな性《せい》のありかたについて知《し》らなかったりすると、自分《じぶん》がLGBTだと感《かん》じていても、そのことを言《い》えずにかくしてしまうことがあります。

まわりに合《あ》わせて自分《じぶん》の気《き》持《も》ちをかくしてしまう

LGBTの人《ひと》たちは「13人《にん》から20人《にん》に1人《ひとり》」いる（↓P・23）という話《はなし》をおぼえていますか？　それでも、自分《じぶん》の身《み》のまわりにはいないと感《かん》じている人《ひと》が多《おお》いかもしれません。それは、「変《へん》だと思《おも》われるかもしれない」「まわりから浮《う》いてしまうのではないか」「からかわれるんじゃないか」などという不《ふ》安《あん》から、言《い》い出《だ》せずにかくしてしまう人《ひと》がいるからなのです。

しかし、そうやって自《じ》分《ぶん》の性《せい》のありかたをかくすことで「自《じ》分《ぶん》の気《き》持《も》ちにウソをついてしまった」「友《とも》だちにもほんとうのことを伝《つた》えられていない」と苦《くる》しむLGBTの人《ひと》も少《すく》なくありません。こうした悩《なや》みや苦《くる》しみを抱《かか》え、人《にん》間《げん》関《かん》係《けい》や健《けん》康《こう》にも影《えい》響《きょう》が出《で》てしまうケースもあります。

性《せい》のありかたで悩《なや》んでいる人《ひと》がいたらどうすればいい？

ここまで説《せつ》明《めい》したように、自《じ》分《ぶん》がLGBTだと感《かん》じている人《ひと》が、そのことをまわりに打《う》ち明《あ》けないということは少《すく》なくありません。もし、あなたが身《み》近《ぢか》にいる人《ひと》から、自《じ》分《ぶん》の性《せい》のありかたのことで悩《なや》んでいると相《そう》談《だん》を受《う》けた場《ば》合《あい》は、その人《ひと》の話《はなし》を最《さい》後《ご》まで聞《き》くことからはじめましょう。

性《せい》のありかたについての悩《なや》みを解《かい》決《けつ》するには、ほかの人《ひと》のサポートが必《ひつ》要《よう》な場《ば》合《あい》もあります。そのときは、安《あん》心《しん》して相《そう》談《だん》できる機《き》関《かん》や団《だん》体《たい》（↓P・110）があるので、そこを紹《しょう》介《かい》してみるのもいいかもしれません。

悩《なや》んでいる人《ひと》に、「あなたはひとりではない」「悩《なや》みを解《かい》決《けつ》してくれる人《ひと》は必《かなら》ずいる」ということを伝《つた》えるだけでも、その人《ひと》のこころはラクになっていくはずです。

Aさんは、自分《じぶん》の性《せい》のありかたがほかの人《ひと》とはちがうのかもしれないと感《かん》じ、相談《そうだん》したいと思《おも》っています。ですが、どこに相談《そうだん》すればいいかわからず、ひとりで抱《かか》えこんでいます。

Cさんは、学校《がっこう》で「男《おとこ》らしくないな」とからかわれ、学《がっ》校《こう》に行《い》けなくなりました。

Bさんは、男《おとこ》の子《こ》グループと女《おんな》の子《こ》グループに分《わ》かれて遊《あそ》ぶようになると、遊《あそ》びの輪《わ》に入《はい》れず、ひとりでいることが多《おお》くなりました。

③ 将《しょう》来《らい》ってどうなるの？

自分《じぶん》はLGBTなのかも？と思《おも》ったとき、これからどうなってしまうんだろう？と不安《ふあん》になるかもしれません。進学《しんがく》や仕事《しごと》、恋愛《れんあい》や家族《かぞく》など、将来《しょうらい》のことについて考《かんが》えてみましょう。

思《おも》い描《えが》けない自分《じぶん》の未来《みらい》

LGBTに関《かん》する正《ただ》しい情報《じょうほう》を知《し》る方法《ほうほう》が、昔《むかし》はあまりありませんでした。そのため、まちがった情報《じょうほう》や認識《にんしき》が広《ひろ》まり、いまでもそれが残《のこ》っていたりします。そういう情報《じょうほう》に触《ふ》れて、「みんなと同《おな》じような大人《おとな》にはなれないんだ」と思《おも》いこんでしまう人《ひと》がいます。

また、「将来《しょうらい》はあの人《ひと》のようになりたい」と考《かんが》えられるような、人生《じんせい》のお手本《てほん》となるLGBTの大人《おとな》と知《し》り合《あ》える機《き》会《かい》が少《すく》ないために、自分《じぶん》の将来《しょうらい》が想像《そうぞう》できない人《ひと》もいるでしょう。

ここでは、LGBTの人《ひと》がもつ将来《しょうらい》への不安《ふあん》を紹介《しょうかい》し、解決《かいけつ》への道《みち》を考《かんが》えていきます。

進学《しんがく》・進路《しんろ》についての不安《ふあん》

自分《じぶん》がどうなるのかわからない

LGBTの大人《おとな》が身近《みぢか》にいないから、これからも自分《じぶん》らしく生《い》きていけるってイメージがわかないんだ。学校《がっこう》を卒業《そつぎょう》したらわたしってどうなるの？

学校《がっこう》を出《で》ても、もちろん人生《じんせい》は続《つづ》きます。ほかの人《ひと》たちがどのような人生《じんせい》を選《えら》んだのか、本《ほん》を読《よ》んだり話《はなし》を聞《き》いてみたりするといいでしょう。性《せい》のありかたにかかわらず、さまざまな選択肢《せんたくし》があります。

自分《じぶん》が望《のぞ》む性《せい》で過《す》ごせる学校《がっこう》ってあるの？

高校《こうこう》からは学校生活《がっこうせいかつ》を変《か》えたいんだけど……。自分《じぶん》のこころの性《せい》で通《かよ》える高校《こうこう》に行《い》きたい

学校《がっこう》に相談《そうだん》できそうな先生《せんせい》がいるのであれば、希望《きぼう》を伝《つた》え、学校側《がっこうがわ》と話《はな》し合《あ》うことができるかもしれません。また、希望《きぼう》する制服《せいふく》や私服《しふく》で通《かよ》える学校《がっこう》もありますし、LGBTについて理解《りかい》のある先生《せんせい》が多《おお》い学校《がっこう》、「いろいろな性《せい》のありかた」について学《まな》べる学校《がっこう》もあります。先生《せんせい》には相談《そうだん》しにくいと感《かん》じる場合《ばあい》は、インターネットなどでそれぞれの学校《がっこう》の取《と》り組《く》みを調《しら》べてみてもいいかもしれません。

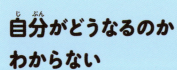

職場《しょくば》でなんて話《はな》そう…

正直《しょうじき》に自分《じぶん》の
性《せい》のことを話《はな》したら、
働《はたら》きづらくなるの？
性《せい》のありかたは
話《はな》さないといけないの？

職場《しょくば》で性《せい》のありかたを明《あ》かすかどうか、悩《なや》む人《ひと》は多《おお》くいます。カミングアウト(→P.73)したほうが働《はたら》きやすいと思《おも》う人《ひと》もいれば、職場《しょくば》で自分《じぶん》のことを話《はな》す必要性《ひつようせい》を感《かん》じない人《ひと》もいるので、自分《じぶん》のことをどこまで話《はな》すか、話《はな》さないかは、人《ひと》それぞれです。

社会《しゃかい》に出《で》てからの不安《ふあん》

LGBTの人《ひと》が働《はたら》いているところって？

LGBTの人《ひと》は
どこで働《はたら》いている
のかな？
タレントとか？

民間《みんかん》の企業《きぎょう》で働《はたら》いている人《ひと》や、専門家《せんもんか》として働《はたら》いている人《ひと》、公務員《こうむいん》として働《はたら》いている人《ひと》など、さまざまな働《はたら》きかたがあります。LGBTだから、という理由《りゆう》で、将来《しょうらい》の職業《しょくぎょう》の幅《はば》をせばめることなく、その人自身《ひとじしん》のやりたいことができる世《よ》の中《なか》にしていくために、企業《きぎょう》として積極的《せっきょくてき》に取《と》り組《く》んでいるところもあります。

都会《とかい》に行《い》けば生《い》きやすくなる？

田舎《いなか》に住《す》んでいるせいか、
同性《どうせい》を好《す》きになることを理解《りかい》
してくれる人《ひと》が見当《みあ》たらない。
都会《とかい》だと理解《りかい》してくれる
人《ひと》がたくさんいそうだから、
高校《こうこう》を出《で》たら都会《とかい》に出《で》ようと
思《おも》うんだけど……

都会《とかい》には人《ひと》がたくさんいるからといって、必《かなら》ずしもLGBTに理解《りかい》のある人《ひと》がたくさんいるわけではありません。ただ、都会《とかい》にはLGBTの人《ひと》たちを支援《しえん》する団体《だんたい》や、LGBTの人《ひと》たちの集《あつ》まりが多《おお》いことはたしかです。そのほかの地域《ちいき》でも、LGBTの人《ひと》たちが集《あつ》まったり、相談《そうだん》したりできるような場《ば》をつくっている人《ひと》たちはたくさんいます。

恋愛《れんあい》・結婚《けっこん》についての不安《ふあん》

結婚《けっこん》ってできるの？

ボク、好《す》きになるのは
男《おとこ》の子《こ》だけど、
結婚《けっこん》できるのかなあ？

同性婚《どうせいこん》を認《みと》めている国《くに》は、欧米諸国《おうべいしょこく》などで多《おお》く見《み》られます。日本では、同性婚《どうせいこん》は法律的《ほうりつてき》に認《みと》められていませんが、現在《げんざい》、いくつかの自治体《じちたい》で同性《どうせい》のカップルに公的書類《こうてきしょるい》を発行《はっこう》するなどの取《と》り組《く》みが進《すす》んでいます。

家族《かぞく》になるのは無理《むり》？

将来《しょうらい》は好《す》きな人《ひと》と家族《かぞく》になって一緒《いっしょ》に子《こ》どもを育《そだ》てたい。でも、同性《どうせい》どうしじゃ無理《むり》なのかな？

日本でも同性《どうせい》のカップルで子《こ》どもを育《そだ》てている人《ひと》はいます。2017年《ねん》、さまざまな事情《じじょう》で親《おや》と暮《く》らせない子《こ》どもを育《そだ》てる「養育里親《よういくさとおや》」に、大阪市《おおさかし》の男性《だんせい》カップルが認定《にんてい》されたというニュースが話題《わだい》になりました。

こころやからだについての不安《ふあん》

ひとりぼっちになってしまう?

家族《かぞく》やまわりの人《ひと》には相談《そうだん》できないな、って思《おも》う。近《ちか》くには相談《そうだん》できそうなところもないし、わたし、ひとりぼっちになっちゃうのかな?

まわりに相談《そうだん》できる人《ひと》がいないと思《おも》っても、相談《そうだん》できる機関《きかん》や団体《だんたい》(→P.110)もあります。また、インターネットを通《つう》じてLGBTの情報《じょうほう》に触《ふ》れることもできます。あなたは決《けっ》してひとりではありません。

いまのつらさってずっと続《つづ》くの?

いまいるところでは自分《じぶん》のことを話《はな》してもだれも受《う》けとめてくれなくてつらくてしかたがない。ずっとこんな気持《きも》ちで生《い》きていかなきゃいけないの?

いまのつらさがずっと続《つづ》くわけではありません。環境《かんきょう》が変《か》わると、いまのまわりの人《ひと》たちも変《か》わっていく可能性《かのうせい》がありますし、周囲《しゅうい》に仲間《なかま》が見《み》つかることもあるでしょう。あなたを「あなた自身《じしん》」として見《み》てくれる人《ひと》がいたら、その人《ひと》との関係《かんけい》を大事《だいじ》にしましょう。

医療的《いりょうてき》に何《なに》かしないと自分《じぶん》が望《のぞ》む性《せい》で生《い》きられないの?

自分《じぶん》が望《のぞ》む性《せい》で生《い》きていきたいんだけど、手術《しゅじゅつ》とかしないといけないのかな?

生《う》まれたときのからだの性《せい》を、いまの自分《じぶん》が望《のぞ》む性《せい》に近《ちか》づけたいと希望《きぼう》する人《ひと》は、ホルモン療法《りょうほう》や性別適合手術《せいべつてきごうしゅじゅつ》などの医療行為《いりょうこうい》を受《う》けることができます(一定《いってい》の基準《きじゅん》があります)。もちろん、トランスジェンダーでも手術《しゅじゅつ》をしない人《ひと》もいますし、医療的《いりょうてき》な対応《たいおう》を受《う》けなくても望《のぞ》む性《せい》で生《い》きている人《ひと》もいます。

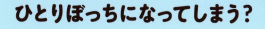

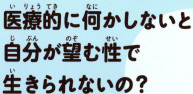

たくさんの選択肢《せんたくし》があることを知《し》ろう

前《まえ》のページで、LGBTの子《こ》どもたちが感《かん》じているさまざまな将来《しょうらい》の不安《ふあん》を紹介《しょうかい》しました。ここでは、大人《おとな》になったLGBTの人《ひと》たちがどのような「自分《じぶん》らしい」選択《せんたく》をしたのかを紹介《しょうかい》します。

たとえば仕事《しごと》では、職場《しょくば》でカミングアウト（→P.73）して働《はたら》いている人《ひと》もいれば、カミングアウトせずに働《はたら》いている人《ひと》もいます。積極的《せっきょくてき》にLGBTの集《あつ》まりに参加《さんか》する人《ひと》もいれば、しない人《ひと》もいます。進学先《しんがくさき》や人間関係《にんげんかんけい》についても、性《せい》のありかたにかかわらず選択《せんたく》することができます。

たいせつなのは、正《ただ》しい知識《ちしき》を得《え》ること。そのうえで自分《じぶん》の納得《なっとく》できる道《みち》を選《えら》ぶことです。あなたがやりたいと思《おも》うこと、進《すす》みたいと思《おも》う道《みち》を考《かんが》えてみましょう。

女子《じょし》でもズボンをはける学校《がっこう》に進学《しんがく》した
法律上《ほうりつじょう》の結婚《けっこん》はいまはできないけれど、パートナーと支《ささ》え合《あ》って生活《せいかつ》している
会社《かいしゃ》でカミングアウトしてこれまで通《どお》りに働《はたら》いている
LGBTの集《あつ》まりに参加《さんか》して、おたがいにわかり合《あ》える人《ひと》と出会《であ》えた
会社《かいしゃ》ではカミングアウトするつもりはない
大学入学《だいがくにゅうがく》と同時《どうじ》にスカートをはいて女性《じょせい》として生《い》きることにした

生《い》きかたにも「ふつう」なんてない

異性《いせい》を好《す》きになる。結婚《けっこん》する。就職活動《しゅうしょくかつどう》をする。会社《かいしゃ》で働《はたら》く。子《こ》どもを育《そだ》てる。家族《かぞく》をつくる。そんな生《い》きかたが「ふつう」に見《み》え、「幸《しあわ》せ」につながるのではないかと思《おも》うかもしれません。でも、性《せい》のありかたが人《ひと》それぞれなのと同《おな》じように、生《い》きかたも人《ひと》それぞれ。そして、幸《しあわ》せのかたちも人《ひと》それぞれです。

最近《さいきん》、数多《かずおお》くの企業《きぎょう》や自治体《じちたい》が、LGBTの人《ひと》たちが安心《あんしん》して過《す》ごせるように制度《せいど》や環境《かんきょう》を整《ととの》えようとしています。望《のぞ》む性《せい》で働《はたら》けるようになる、新《あたら》しい条例《じょうれい》ができるなど、目《め》に見《み》えるかたちで社会《しゃかい》が変《か》わりはじめているのです。自分《じぶん》らしく生《い》きていける場所《ばしょ》は、これからもどんどん増《ふ》えていくでしょう。

好《す》きな人《ひと》に告白《こくはく》した。断《ことわ》られたけど、いまでも友《とも》だちだよ
同性《どうせい》カップルで、一緒《いっしょ》に子《こ》どもを育《そだ》てている
ずっと同性《どうせい》の人《ひと》が好《す》きだと思《おも》っていたけど、いまつき合《あ》っているのは異性《いせい》だよ。その人《ひと》のことが好《す》きなんだから別《べつ》にいいよね？
結婚《けっこん》や恋愛《れんあい》には興味《きょうみ》はないけど、大事《だいじ》な人《ひと》たちに囲《かこ》まれている
同性《どうせい》のパートナーを親《おや》に紹介《しょうかい》した。最初《さいしょ》はびっくりしていたけど、「あなたの好《す》きな人《ひと》なら歓迎《かんげい》する」と言《い》われた
自分《じぶん》は男《おとこ》なのか女《おんな》なのかずっと悩《なや》んできたけど、大学《だいがく》の先輩《せんぱい》に、「そのままでいいんじゃない？」と言《い》われてすごくラクになった

わたしのライフヒストリー 2

増《ます》原《はら》裕《ひろ》子《こ》さん

40歳《さい》・会社経営者《かいしゃけいえいしゃ》

ひとりじゃない。悩《なや》みを話《はな》せる仲間《なかま》がきっといる。

ひとりひとりが自《じ》分《ぶん》らしく生《い》きられる社《しゃ》会《かい》をめざし、会《かい》社《しゃ》を経《けい》営《えい》している増《ます》原《はら》さん。学《がく》生《せい》時《じ》代《だい》は、女《じょ》性《せい》を好《す》きになる自《じ》分《ぶん》自《じ》身《しん》にとまどい、だれにも言《い》えず長《なが》い間《あいだ》悩《なや》んでいました。悩《なや》みから生《う》まれた経《けい》験《けん》が、いまの自《じ》分《ぶん》の活《かつ》動《どう》につながっていることを教《おし》えてくれます。

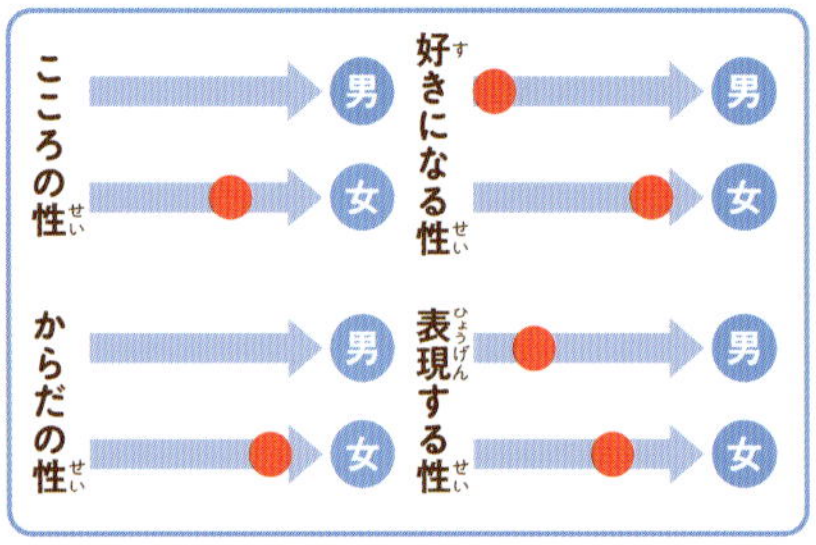

こころの性《せい》
男
女
からだの性《せい》
男
女
好《す》きになる性《せい》
男
女
表現《ひょうげん》する性《せい》
男
女

増《ます》原《はら》さんは、ご自《じ》身《しん》のことを"ほぼレズビアン"と説明《せつめい》します。こころの性《せい》は女性《じょせい》で、好《す》きになる人《ひと》はほとんどが女性《じょせい》。男性《だんせい》に魅力《みりょく》を感《かん》じることもあると話《はな》します。

女《おんな》の子《こ》が好《す》きな自《じ》分《ぶん》をひたすらにかくした日《ひ》々《び》

——だれかを好《す》きになるという経《けい》験《けん》で、最《さい》初《しょ》はどんな思《おも》い出《で》がありますか？

ほんとうに最《さい》初《しょ》の記《き》憶《おく》は、小《しょう》学《がっ》校《こう》4年《ねん》生《せい》のころですね。ノートに、自《じ》分《ぶん》が気《き》になる人《ひと》のリストをちょっとしたノリで作《つく》っていたんですね。好《す》きな男《おとこ》の子《こ》の名《な》前《まえ》を1番《ばん》から順《じゅん》に書《か》いていくんですが、じつはかくれて女《おんな》の子《こ》のリストも作《つく》っていたんです。でも当《とう》時《じ》から、女《おんな》の子《こ》の名《な》前《まえ》を書《か》いたほうは、なんとなく人《ひと》には見《み》せてはいけないと思《おも》っていました。

——どんな小学生《しょうがくせい》でしたか？

よく勉強《べんきょう》をがんばっていましたね。いわゆる優等生《ゆうとうせい》タイプだったと思《おも》います。親《おや》との仲《なか》も円《えん》満《まん》でした。でも「女《おんな》の子《こ》が好《す》き」と言《い》っている女《じょ》子《し》はまわりにいなかったので、自分《じぶん》に好《す》きな女《おんな》の子《こ》がいることは友《とも》だちにも家族《かぞく》にも言《い》いませんでした。

——中学校《ちゅうがっこう》や高校《こうこう》ではどんな思《おも》い出《で》がありますか？

小学校《しょうがっこう》や中学校《ちゅうがっこう》とちがって、高校生《こうこうせい》になると恋愛《れんあい》のことや好《す》きという感情《かんじょう》がもっとリアルになってきますよね。重《おも》みを増《ま》すというか。高校《こうこう》では彼氏《かれし》ができたことも何度《なんど》かあって、いわゆる「ふつう」のデートをするんですけど、なんだかなじまなくて別《わか》れてしまうんですね。はじめはいいなと思《おも》ってつき合《あ》うけど、男《おとこ》の子《こ》とふたりきりでいても、なんだかちがうなと……。相手《あいて》のことは人《ひと》として好《す》きなんだけど、恋愛《れんあい》の相手《あいて》となるとうまく続《つづ》かない。

——違和感《いわかん》があったんですね。

はい。中学校《ちゅうがっこう》から高校《こうこう》まで、男《おとこ》の子《こ》と映画《えいが》に行《い》ったり、海《うみ》に行《い》ったりいろいろしてみたんですけど、心《こころ》の底《そこ》から相手《あいて》を求《もと》めてつき合《あ》っていないことに気《き》がついていきました。そんななかで、こんな自分《じぶん》のことを好《す》きになってくれる人《ひと》と、いったいどうやったら出会《であ》えるんだろうと不安《ふあん》になっていました。

——女《おんな》の子《こ》を好《す》きだという感情《かんじょう》には、どのように向《む》き合《あ》っていましたか？

そもそも、「女《おんな》の子《こ》を好《す》き」ということを話《はな》せる環境《かんきょう》がいっさいなかったんですね。高校《こうこう》は女子校《じょしこう》だったんですが、女子《じょし》どうしの恋愛《れんあい》話《ばなし》のうわさはほとんどありませんでした。近《ちか》くに男子校《だんしこう》があって、みんな彼氏《かれし》を作《つく》ったり男《おとこ》の子《こ》と交流《こうりゅう》したり。だから男《おとこ》の子《こ》よりも女《おんな》の子《こ》に興味《きょうみ》があることや、好《す》きな女《おんな》の子《こ》がいることも、まったく話《はな》せなかったんです。

——女《おんな》の子《こ》を好《す》きな女《おんな》の子《こ》がいる、という発想《はっそう》が周囲《しゅうい》にはなかったと。

はい、まったく。だから女《おんな》の子《こ》と両想《りょうおも》いになるにはいったいどうすればいいんだろう、と悩《なや》んでいました。女友《おんなとも》だちが冗談《じょうだん》で「裕子《ひろこ》が男《おとこ》だったらよかったのに！」とか言《い》ってきたことがあって、そういうなにげないセリフにも、ドキドキしつつ「やっぱり男《おとこ》じゃないとダメなんだ」と思《おも》ったり。自分《じぶん》の気持《きも》ちをかくし通《とお》すことが、とにかくつらかったです。

LGBTのことをもっとよく知《し》ってもらうための研修会《けんしゅうかい》を開《ひら》く仕事《しごと》などを手《て》がけている増原《ますはら》さん。主《おも》に企業《きぎょう》を経営《けいえい》している人《ひと》を対象《たいしょう》に研修《けんしゅう》を行《おこな》っています。

——大学進学後《だいがくしんがくご》は、どんなことがありましたか？

大学《だいがく》ではバスケットボール部《ぶ》の部活《ぶかつ》に打《う》ちこみました。授業《じゅぎょう》と部活《ぶかつ》が忙《いそが》しくて、大学《だいがく》と家《いえ》を往復《おうふく》するような生活《せいかつ》でしたね。友《とも》だちとはふつうに仲良《なかよ》くしていましたが、ほんとうのことを言《い》えずに、恋愛《れんあい》のことではウソをついてしまう。告白《こくはく》ももちろんできないし、自分《じぶん》の気持《きも》ちの処理《しょり》に苦《くる》しんでいました。

インターネットもいまほど盛《さか》んではなく、LGBTの人《ひと》たちとのつながりもない。当時《とうじ》はむしろ、「レズビアン」という言葉《ことば》がこわかった感情《かんじょう》さえあったと思《おも》います。なれるものなら、男性《だんせい》を好《す》きな女性《じょせい》になりたかったですから。女性《じょせい》を好《す》きな自分《じぶん》がどうやって生《い》きていけばいいのか、と悩《なや》む日《ひ》が続《つづ》いていました。

情報《じょうほう》が少《すく》なかった学生時代《がくせいじだい》 仲間《なかま》と出会《であ》って 苦《くる》しさがなくなった

——レズビアン、という言葉《ことば》を受《う》けとめるきっかけはありましたか？

大学《だいがく》が文学部《ぶんがくぶ》だったので、いろいろな小説《しょうせつ》を読《よ》んでいました。そのなかで、松《まつ》浦《うら》理《り》英《え》子《こ》さんという作《さっ》家《か》の『ナチュラル・ウーマン』という小《しょう》説《せつ》を読《よ》んだのですが、登《とう》場《じょう》人《じん》物《ぶつ》にレズビアンがいたんです。「どうやら小《しょう》説《せつ》には女《じょ》性《せい》を好《す》きな女《じょ》性《せい》が出《で》てくる。でも現《げん》実《じつ》世《せ》界《かい》にはいない、どうやったら出《で》会《あ》えるんだろう……」と感《かん》じていました。そうやって少《すこ》しずつ、女《じょ》性《せい》を好《す》きになる女《じょ》性《せい》でも大《だい》丈《じょう》夫《ぶ》なんだと知《し》っていきました。

――はじめてのカミングアウトは？

22歳《さい》の春《はる》ですね。高《こう》校《こう》から大《だい》学《がく》まで一《いっ》緒《しょ》だった親《しん》友《ゆう》3人《にん》に、卒《そつ》業《ぎょう》旅《りょ》行《こう》中《ちゅう》にカミングアウトをしました。私《わたし》は大《だい》学《がく》院《いん》への進《しん》学《がく》を決《き》めていましたが、みんなが社《しゃ》会《かい》人《じん》になって離《はな》れ離《ばな》れになる前《まえ》に打《う》ち明《あ》けようと思《おも》いました。嫌《きら》われてしまうかも、とほんとうに不《ふ》安《あん》でした。でもみんな「ひとりで悩《なや》んでいたんだ、気《き》づいてあげられなくてごめん」と受《う》けとめてくれて。ほんとうに肩《かた》の荷《に》がおりた感《かん》覚《かく》でした。自《じ》分《ぶん》で抱《かか》えこみすぎていた部《ぶ》分《ぶん》もあったのかもしれません。カミングアウトした友《とも》だちが受《う》けとめてくれたことで、私《わたし》は自《じ》分《ぶん》の人《じん》生《せい》を前《まえ》向《む》きにとらえられるようになりました。自《じ》分《ぶん》のことをおかしい人《にん》間《げん》だと思《おも》わなくていい、と考《かんが》えられましたね。

――大《だい》学《がく》院《いん》ではどのような変《へん》化《か》がありましたか？

大《だい》学《がく》院《いん》生《せい》になって、フランス文《ぶん》学《がく》を学《まな》びにフランスのパリに留《りゅう》学《がく》したんです。そしてパリの学《がっ》校《こう》で、LGBTの学《がく》生《せい》が集《あつ》まるサークルを偶《ぐう》然《ぜん》見《み》つけたんですね。それがきっかけで、日本にいたときのような不《ふ》安《あん》がなくなりました。パリでは自《じ》分《ぶん》の性《せい》のありかたについて自《じ》由《ゆう》に話《はな》せる友《とも》だちと、人《じん》生《せい》はじめての彼《かの》女《じょ》ができました。ほんとうにのびのびと、自《じ》分《ぶん》らしい生《せい》活《かつ》ができて、それから同《どう》性《せい》愛《あい》者《しゃ》であることをかくさなくなったんです。

――ご両《りょう》親《しん》の理《り》解《かい》はいかがでしたか？

父《ちち》親《おや》は受《う》け入《い》れてくれましたが、母《はは》親《おや》と理《り》解《かい》し合《あ》うまでには10年《ねん》以《い》上《じょう》かかりました。2000年《ねん》代《だい》のはじめは、LGBTに関《かん》する情《じょう》報《ほう》がほとんどなかったんです。そこで、2007年《ねん》に出《で》た『カミングアウト・レターズ』という本《ほん》を母《はは》に紹《しょう》介《かい》しました。LGBTの子《こ》どもたちと、カミングアウトを受《う》けた親《おや》や先《せん》生《せい》との手《て》紙《がみ》のやりとりが集《しゅう》録《ろく》されている本《ほん》なんです。母《はは》はこの本《ほん》を読《よ》んで、私《わたし》のことを理《り》解《かい》しようとしてくれました。

――ご自《じ》身《しん》でLGBTの社《しゃ》会《かい》活《かつ》動《どう》を日本で進《すす》めようと思《おも》ったきっかけは？

いろいろあるんですが、海《かい》外《がい》のLGBTの人《ひと》たちが社《しゃ》会《かい》を変《か》える運《うん》動《どう》を起《お》こしてきた映《えい》画《が》や本《ほん》に触《ふ》れ、自《じ》分《ぶん》も日本の状《じょう》況《きょう》を少《すこ》しでも良《よ》くしたいと考《かんが》えるようになったんです。ひとりひとりがのびのびと生《い》きられる社《しゃ》会《かい》になるよう、企《き》業《ぎょう》研《けん》修《しゅう》などを通《つう》じて、多《た》様《よう》性《せい》のたいせつさについて伝《つた》える会《かい》社《しゃ》を立《た》ち上《あ》げました。

――活《かつ》動《どう》を続《つづ》けてきて、良《よ》かったと思《おも》う点《てん》は？

LGBTのみんなを応《おう》援《えん》している、味《み》方《かた》だよ、という人《ひと》が確《かく》実《じつ》に増《ふ》えたことです。LGBTに差《さ》別《べつ》的《てき》な表《ひょう》現《げん》や発《はつ》言《げん》をする人《ひと》がいれば、「それはまちがいだ」と声《こえ》をあげてくれる人《ひと》が日本にもたくさん出《で》てきました。

――今《こん》後《ご》、めざしていることはありますか？

LGBTの課《か》題《だい》に限《かぎ》らず、いろいろな背《はい》景《けい》をもったひとりひとりのちがいを楽《たの》しめる社《しゃ》会《かい》にしたいです。個《こ》性《せい》が尊《そん》重《ちょう》されない教《きょう》育《いく》にはうんざりしているので、もっと変《か》えていきたい。社《しゃ》会《かい》が抱《かか》えている課《か》題《だい》の根《ね》っこはじつは一《いっ》緒《しょ》で、人《ひと》とちがうというだけで生《い》きにくくなる状《じょう》況《きょう》は、やはりおかしいんです。いろんな人《ひと》とつながって、より生《い》きやすい日本にしていきたいですね。

いまは孤《こ》独《どく》を感《かん》じていても
広《ひろ》い世《せ》界《かい》に足《あし》をふみ出《だ》せば
わかってくれる友《とも》だちが
きっと見《み》つかります！

第3章

みんなが過《す》ごしやすい学《がっ》校《こう》って？

窮屈《きゅうくつ》な　学校生活《がっこうせいかつ》

朝《あさ》はいつも
ユウウツ
スカート…
やだなあ…
いってきまーす
キーン
コーン…

今日《きょう》のHR《ホームルーム》は修学旅行《しゅうがくりょこう》の部屋分《へやわ》けをするわよ
連絡事項《れんらくじこう》もあるから
女子《じょし》は視聴覚室《しちょうかくしつ》に集合《しゅうごう》して
楽《たの》しみ〜
一緒《いっしょ》の班《はん》になろ〜！
ももちゃんも！
あ…うん
〝ももちゃん〟って呼《よ》ばれるのも…
なんか苦手《にがて》…
みんなで温泉《おんせん》楽《たの》しみ〜！
ね！
露天風呂《ろてんぶろ》入《はい》ろうよ〜！
一緒《いっしょ》はやだなあ…

みんなのことは嫌《きら》いじゃないけど
みんなといると〝なにかちがう〟って気持《きも》ちに…いつもなる
〝女子《じょし》〟に分《わ》けられるのがつらいのってわたしだけ…？
イヤだなぁ修学旅行《しゅうがくりょこう》…
学校《がっこう》ってなんか窮屈《きゅうくつ》…

1 学《がっ》校《こう》での男《だん》女《じょ》分《わ》けについて考《かん》えてみよう

学《がっ》校《こう》生《せい》活《かつ》をよく見《み》てみると、男《だん》女《じょ》ではっきり分《わ》けられているものがけっこうたくさんあることに気《き》がつきます。そうした分《わ》けかたによって、つらい思《おも》いや不《ふ》便《べん》な思《おも》いをする人《ひと》たちがいることをちょっと考《かん》えてみましょう。

学《がっ》校《こう》にある「当《あ》たり前《まえ》」を考《かん》えてみよう

みなさん、学《がっ》校《こう》生《せい》活《かつ》はどうですか？　学《がっ》校《こう》では、友《とも》だちとおしゃべりをしたり、一《いっ》緒《しょ》に遊《あそ》んだり、勉《べん》強《きょう》やスポーツもしたりしますよね。運《うん》動《どう》会《かい》や球《きゅう》技《ぎ》大《たい》会《かい》、修《しゅう》学《がく》旅《りょ》行《こう》などの行《ぎょう》事《じ》もたくさんあります。このように学《がっ》校《こう》というものは、みんなで一《いっ》緒《しょ》に過《す》ごしながら、いろいろなことを学《まな》んだり経《けい》験《けん》したりする団《だん》体《たい》生《せい》活《かつ》の場《ば》所《しょ》です。

団《だん》体《たい》生《せい》活《かつ》には、楽《たの》しいことがあったらみんなで喜《よろこ》び合《あ》えて、苦《くる》しいことがあったら協力《きょうりょく》して乗《の》りきれるというよさがあります。でも、団《だん》体《たい》生《せい》活《かつ》にはむずかしいこともあります。たとえば多《た》数《すう》の人《ひと》たちと意《い》見《けん》がちがう場《ば》合《あい》にはがまんしないといけないとか、まわりの雰《ふん》囲《い》気《き》に合《あ》わせて過《す》ごさないと浮《う》いてしまうとか、ときに窮《きゅう》屈《くつ》な思《おも》いをすることもあるのです。団《だん》体《たい》生《せい》活《かつ》をしていると多《おお》くの人《ひと》が一《いっ》緒《しょ》に過《す》ご

すためのルールやしくみができますが、一度《いちど》決《き》まったことはなかなか「変《か》えよう」と言《い》いにくかったり、一度《いちど》「当《あ》たり前《まえ》」になったことは「気《き》になる」と言《い》い出《だ》せなかったりします。

なかでも学校《がっこう》では、男女《だんじょ》で分《わ》かれている場《ば》所《しょ》やものが目立《めだ》ちます。多数《たすう》の人《ひと》たちにとっては、あまり気《き》にならないことかもしれませんが、男女《だんじょ》ではっきり分《わ》かれていることで、困《こま》ったり、不便《ふべん》な思《おも》いをしたりする人《ひと》たちもいます。

男女《だんじょ》で分《わ》かれているものが学校《がっこう》にはたくさんある

トイレをはじめとして、体育《たいいく》の授業《じゅぎょう》や部活《ぶかつ》のときに使《つか》う更衣室《こういしつ》、健康診断《けんこうしんだん》のときに使《つか》われる部屋《へや》、さらに修学旅行《しゅうがくりょこう》などで旅館《りょかん》やホテルに泊《と》まるときの部屋割《へやわ》り、そしてお風呂《ふろ》など、学校生活《がっこうせいかつ》を送《おく》るには、男女《だんじょ》で分《わ》かれていることが「当《あ》たり前《まえ》」になっている場所《ばしょ》があります。また、男性《だんせい》なら「～くん」づけ、女性《じょせい》なら「～さん」づけで呼《よ》ばれたり、制服《せいふく》や体操着《たいそうぎ》が男子用《だんしよう》、女子用《じょしよう》で分《わ》かれていて、からだの性《せい》によって着《き》るものが決《き》められていたりする学《がっ》校《こう》もあります。このようなことで悩《なや》んでいる人《ひと》たちは少《すく》なくありません。

こころの性《せい》が女性《じょせい》で、からだの性《せい》が男性《だんせい》のAさんは、男子用《だんしよう》と女子用《じょしよう》のどちらのトイレも使《つか》いづらく、とても困《こま》っています。
Aさん
こころの性《せい》
男
女
からだの性《せい》
男
女
好《す》きになる性《せい》
?
?
男
女
表現《ひょうげん》する性《せい》
男
女

②学《がっ》校《こう》生《せい》活《かつ》で困《こま》るのはどんなこと？

トイレや更衣室《こういしつ》などは、ふだん学校《がっこう》でよく使《つか》う場所《ばしょ》ですが、こうした場所《ばしょ》も男女《だんじょ》ではっきり分《わ》かれているところが多《おお》く見《み》られます。こうした状況《じょうきょう》に困《こま》っている人《ひと》たちの声《こえ》を聞《き》いてみましょう。

男女《だんじょ》で分《わ》けられている場所《ばしょ》

からだの性《せい》が男性《だんせい》の人《ひと》は、男子用《だんしよう》のトイレ、からだの性《せい》が女性《じょせい》の人《ひと》は、女子用《じょしよう》のトイレを使《つか》うのが「ふつう」になっています。男女《だんじょ》で分《わ》けられた場所《ばしょ》を使《つか》わなければならないときに、つらさを感《かん》じる人《ひと》たちがいます。

Aさんという人《ひと》を例《れい》にあげましょう。Aさんは、こころの性《せい》が女性《じょせい》で、からだの性《せい》が男性《だんせい》です。そのことは友《とも》だちや先生《せんせい》には打《う》ち明《あ》けていません。そんなAさんは、男子用《だんしよう》のトイレを使《つか》うことがとても苦痛《くつう》です。Aさんの学校《がっこう》には男女《だんじょ》に分《わ》けられたトイレしかないので、「自分《じぶん》は女性《じょせい》だ」と思《おも》っているAさんにとっては、男子用《だんしよう》のトイレを使《つか》わないといけないというのはつらいことなのです。

Aさんがやむなく男子《だんし》トイレを使《つか》ったとき、ほかの人《ひと》に見《み》られるのがイヤで個室《こしつ》に入《はい》ろうとしたら「うんこするんだ～」とからかわれてしまいました。

男子《だんし》トイレに行《い》きたくないので、ずっとがまんしているAさん。お昼《ひる》休《やす》みのときに、人目《ひとめ》につかない体育館《たいいくかん》のトイレに駆《か》けこむ毎日《まいにち》です。

使《つか》うのがイヤなときはどんな方法《ほうほう》がある？

あなたの学校《がっこう》には、「多目的《たもくてき》トイレ」「だれでもトイレ」と呼《よ》ばれるトイレが設置《せっち》されていませんか？　こうしたトイレは、性別《せいべつ》に関《かん》係《けい》なく使《つか》えるようになっています。もしこうしたトイレがない場合《ばあい》は、先生《せんせい》に相談《そうだん》して、職《しょく》員用《いんよう》のトイレを使《つか》うという方法《ほうほう》も考《かんが》えられるでしょう。また、更衣室《こういしつ》で困《こま》っているのなら、このように、学校《がっこう》のどこかに代《か》わりになる場所《ばしょ》を見《み》つけること、性別《せいべつ》によって分《わ》けられていない保《ほ》健室《けんしつ》を使《つか》うなどの方法《ほうほう》もあります。

別《べつ》の方法《ほうほう》で対応《たいおう》することが考《かんが》えられます。

さらに修学旅行《しゅうがくりょこう》などの宿泊行事《しゅくはくぎょうじ》でも、ひとり部屋《べや》を使《つか》う、お風呂《ふろ》の時間《じかん》をみんなとずらす、部屋《へや》についている個室《こしつ》のお風呂《ふろ》やシャワーを使《つか》うといった方法《ほうほう》が考《かんが》えられます。

ただし、こうした工夫《くふう》は、学校《がっこう》の先生《せんせい》に相《そう》談《だん》しないとできない場合《ばあい》があります。信頼《しんらい》できる先生《せんせい》や大人《おとな》がいたら、その人《ひと》に相談《そうだん》してみるといいかもしれません。もし、まわりに相談《そうだん》できそうな大人《おとな》がいないときは、P・110にある相談窓口《そうだんまどぐち》に問《と》い合《あ》わせることもできます。

「多目的《たもくてき》トイレ」や「だれでもトイレ」は、車《くるま》いすを使《つか》う人《ひと》や、赤《あか》ちゃんを連《つ》れている人《ひと》、妊娠中《にんしんちゅう》の人《ひと》などに配慮《はいりょ》して、広《ひろ》いスペースのなかに、手《て》すりやベビーチェアなどが設置《せっち》されている個室《こしつ》トイレです。性別《せいべつ》に関係《かんけい》なくだれでも使《つか》うことができるので、Aさんも安心《あんしん》して利用《りよう》できそうですね。

たとえばこんな対処法《たいしょほう》

トイレ

・多目的《たもくてき》トイレ、だれでもトイレを使《つか》う
・職員用《しょくいんよう》トイレを使《つか》う

更衣室《こういしつ》

・保健室《ほけんしつ》や空《あ》いている教室《きょうしつ》を使《つか》う

健康診断《けんこうしんだん》

・別《べつ》の時間《じかん》にひとりで受《う》ける
・病院《びょういん》など、別《べつ》の医療機関《いりょうきかん》で受《う》ける

修学旅行《しゅうがくりょこう》など

・ひとり部屋《べや》を使《つか》う
・お風呂《ふろ》に入《はい》る時間《じかん》をずらす
・部屋《へや》にあるお風呂《ふろ》やシャワーを使《つか》う

体操着《たいそうぎ》や水着《みずぎ》がつらいとき

こころの性《せい》は男性《だんせい》なのに、体育《たいいく》や部活《ぶかつ》で女性《じょせい》の体《たい》操着《そうぎ》を着《き》なければならなかったり、こころの性《せい》が女性《じょせい》なのに、男性《だんせい》の体操着《たいそうぎ》を着《き》なければならなかったりすることに苦痛《くつう》を感《かん》じる場合《ばあい》があります。とくに水泳《すいえい》のときの水着《みずぎ》は、からだを露出《ろしゅつ》させる部分《ぶぶん》が多《おお》いので、よけいにつらく感《かん》じるかもしれません。

こうした場合《ばあい》も、露出《ろしゅつ》の少《すく》ない体操着《たいそうぎ》や水着《みずぎ》を選《えら》ぶという方法《ほうほう》があります。どうしても参加《さんか》できないなら、無理《むり》をすることはありません。信頼《しんらい》できる先生《せんせい》に相談《そうだん》して、水泳《すいえい》の時間《じかん》は別《べつ》の課題《かだい》をもらうなど、代《か》わりになる方法《ほうほう》を探《さが》してみましょう。

男女《だんじょ》で分《わ》けられているもの・こと

次《つぎ》はBさんに登場《とうじょう》してもらいましょう。Bさんは、こころの性《せい》が男性《だんせい》で、からだの性《せい》が女性《じょせい》です。Aさんと同《おな》じく、自分《じぶん》の性《せい》のありかたについてはだれにも話《はな》していません。

Bさんの学校《がっこう》には制服《せいふく》があり、下《した》は男子《だんし》がズボン、女子《じょし》はスカートという規則《きそく》になっています。Bさんは女子《じょし》の制服《せいふく》を着《き》るのがつらくてスカートの下《した》に長《なが》ズボンのジャージをはいて学校《がっこう》に通《かよ》っています。学校《がっこう》に行《い》くと、友《とも》だちから「ちゃん」づけで呼《よ》ばれることが気《き》になっています。そのほか、体育《たいいく》の授業《じゅぎょう》が男女《だんじょ》で分《わ》かれていたり、朝礼《ちょうれい》でグラウンドに整列《せいれつ》するときも男女《だんじょ》で列《れつ》を分《わ》けられたり、自分《じぶん》が男女《だんじょ》で分《わ》かれているうちの「女《おんな》」のほうに入《はい》ってしまっているのが、つらいと感《かん》じています。

Bちゃん！
おはよう

こころの性《せい》が男性《だんせい》、からだの性《せい》が女性《じょせい》で、男性《だんせい》を好《す》きになるBさんは、トランスジェンダーでゲイです。表現《ひょうげん》する性《せい》は男性《だんせい》でありたいと思《おも》っています。

（Bさん）

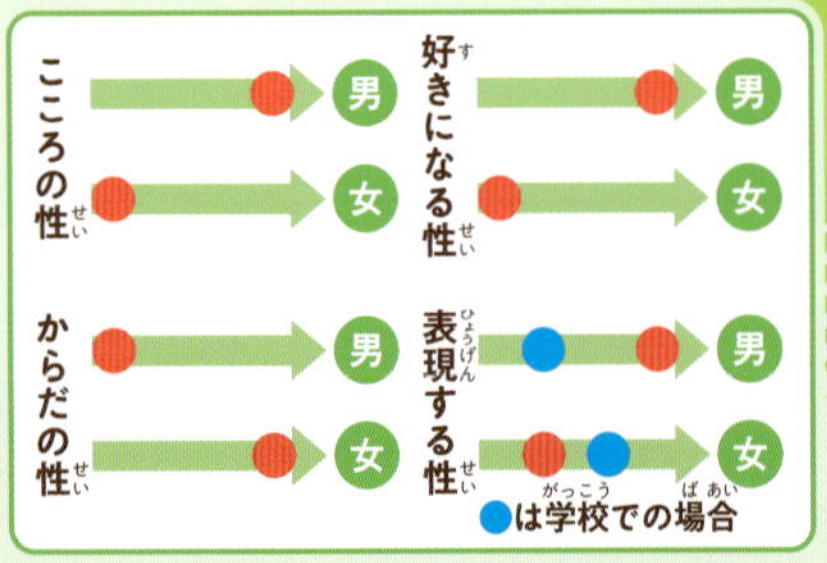
こころの性《せい》
男
女
からだの性《せい》
男
女
好《す》きになる性《せい》
男
女
表現《ひょうげん》する性《せい》
男
女
●は学校《がっこう》での場合《ばあい》

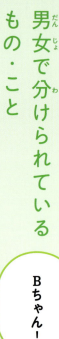

男女《だんじょ》で分《わ》けない方法《ほうほう》も考《かんが》えられる

制服《せいふく》は男女《だんじょ》ではっきり分《わ》かれている学校《がっこう》が多《おお》いようですが、無理《むり》をして自分《じぶん》のこころの性《せい》に合《あ》わない制服《せいふく》を着《き》るのは、かなりのストレスになります。これも前《まえ》のページで紹介《しょうかい》したトイレや更衣室《こういしつ》の例《れい》と同《おな》じで、学校《がっこう》の先生《せんせい》に相談《そうだん》してからになりますが、こころの性《せい》に合《あ》った制服《せいふく》を着《き》て学校《がっこう》に通《かよ》っている人《ひと》もいますし、体操着《たいそうぎ》（ジャージなど）で学校《がっこう》に通《かよ》っている人《ひと》もいます。

また、最近《さいきん》は学校《がっこう》での呼《よ》びかたも、女子《じょし》は「〜さん」で男子《だんし》は「〜くん」にするのではなく、全員《ぜんいん》「〜さん」で統一《とういつ》している学校《がっこう》もあります。朝礼《ちょうれい》などで並《なら》ぶときも、男女混合《だんじょこんごう》で整列《せいれつ》している学校《がっこう》もあります。

このように、男女《だんじょ》で分《わ》けなくてもいいことは性別《せいべつ》に関係《かんけい》なく選《えら》べるようにする、男女以外《だんじょいがい》の分《わ》けかたをするなどの工夫《くふう》ができます。また、男女《だんじょ》で分《わ》かれた場所《ばしょ》も使《つか》いかたや工夫《くふう》のしかたで、男女分《だんじょわ》けが苦手《にがて》な人《ひと》にとってもそうでない人《ひと》にとっても安心《あんしん》して使《つか》える場《ば》にすることができます。

スカートの下《した》に長《なが》ズボンのジャージをはいているBさんは、先生《せんせい》にそのことを注意《ちゅうい》されることがあります。その度《たび》にBさんは、「制服《せいふく》のスカートがつらいからはいているのに……」と悲《かな》しい気持《きも》ちになります。

まわりには、ピンクや水色《みずいろ》などのかわいらしいペンケースやノートをもっている女子《じょし》もいますが、Bさんは茶色《ちゃいろ》いペンケースやノートにしています。「もっとかわいいのにしないの?」と聞《き》かれて苦笑《にがわら》い。

性《せい》を決《き》めつけない呼《よ》びかたを考《かんが》えてみよう

- その人《ひと》が呼《よ》ばれたい名前《なまえ》で呼《よ》ぶ
- ニックネームで呼《よ》ぶ
- 全員《ぜんいん》を「さん」づけで呼《よ》ぶ
- その人《ひと》がつけてほしい敬称《けいしょう》（「さん」「くん」「ちゃん」など）をつけて呼《よ》ぶ

自分《じぶん》のことを呼《よ》ぶときも窮屈《きゅうくつ》なときがある

引《ひ》き続《つづ》きBさんに登場《とうじょう》してもらいましょう。Bさんは、自分《じぶん》のことを「ボク」と言《い》います。Bさんにとって「ボク」という呼《よ》びかたはしっくりくるのですが、「女子《じょし》なのに『ボク』って言《い》うなんて変《へん》」と言《い》う人《ひと》がいます。また、とてもスポーツが得意《とくい》で、部活《ぶかつ》はバスケットボール部《ぶ》です。ユニフォームが男女《だんじょ》でちがい、女子《じょし》のものを着《き》なさいと言《い》われると違和《いわ》感《かん》があります。

ふだんの言葉《ことば》づかいもまわりから「男《おとこ》っぽい」と言《い》われるところがあり、親《おや》や親戚《しんせき》からも「女子《じょし》なんだからもうちょっとおしとやかに話《はな》したほうがいいよ」と言《い》われます。Bさんは笑《わら》って「気《き》をつけるよ！」

バスケが大好《だいす》きなBさんは、試合《しあい》に出《で》られるように練習《れんしゅう》をがんばっています。でも、ときおり「部活《ぶかつ》をがんばるのはいいけど、女《おんな》の子《こ》らしくしなさい」と言《い》われることがあって、残念《ざんねん》な気持《きも》ちになることもあります。

男女《だんじょ》で分《わ》けられるのは イメージの影響《えいきょう》も大《おお》きい

体育祭《たいいくさい》などで応援《おうえん》をするとき、男子《だんし》は応援団《おうえんだん》のメンバーとして、女子《じょし》はチアリーダーとして応援《おうえん》するのが「ふつう」と思《おも》われがちです。

しかし現在《げんざい》は、女子《じょし》が応援団長《おうえんだんちょう》をつとめている学校《がっこう》もありますし、男子《だんし》だけのチアリーディングチームもあります。男子《だんし》がするもの、女子《じょし》がするものというイメージが変《か》わってきています。

○○は
（自分《じぶん》の名前《なまえ》）
○○は
（ニックネーム）
こちらは
ウチは
自分《じぶん》は

そもそもどのように自分《じぶん》を呼《よ》んでもいいのですが、男性《だんせい》なら「ボク」「オレ」、女性《じょせい》なら「わたし」「あたし」が一般的《いっぱんてき》な呼びかただと思《おも》われていることが、プレッシャーになっているようです。

と返事《へんじ》をしますが、女子《じょし》だと決《き》めつけられることで、悲《かな》しい気持《きも》ちになっています。ふだんは明《あか》るくふるまっているBさんですが、自分《じぶん》らしくしているだけなのに注意《ちゅうい》されたり、笑《わら》われたりしてつらく感《かん》じています。

自分《じぶん》の呼《よ》びかたも その人《ひと》の気持《きも》ちを尊重《そんちょう》して

あなたは自分《じぶん》のことを何《なん》と呼《よ》びますか？「ボク」？　それとも「わたし」？　こういった自分《じぶん》の呼《よ》びかたを一人称《いちにんしょう》といいます。男性《だんせい》は「ボク」か「オレ」、女性《じょせい》は「わたし」と言《い》う人《ひと》が多《おお》いかもしれませんね。ですが、男性《だんせい》でも「オレ」と言《い》いにくい人《ひと》や、女性《じょせい》でも「わたし」と言《い》いたくない人《ひと》もいます。男女《だんじょ》どちらでも使《つか》いやすい一人称《いちにんしょう》に「ウチ」とか「自分《じぶん》」といった呼《よ》びかたがあるので、使《つか》ってみてもいいかもしれませんね。

また、大人《おとな》になると性別《せいべつ》にかかわらず「わたし」と言《い》う人《ひと》が増《ふ》え、場所《ばしょ》や年齢《ねんれい》などで一《いち》人称《にんしょう》が変《か》わることもあります。一人称《いちにんしょう》というのは感覚的《かんかくてき》なもので、正解《せいかい》はありません。たいせつなのは、その人《ひと》が自分《じぶん》のことをどう呼《よ》ぶかは本人《ほんにん》の自由《じゆう》だということ。「ボク」「オレ」「わたし」など、本人《ほんにん》が使《つか》いやすい一人称《いちにんしょう》を使《つか》っていいのです。無理《むり》に呼《よ》びかたを変《か》えさせたりせず、その人《ひと》の気持《きも》ちを尊重《そんちょう》できるといいですね。

3 みんなが恋《こい》の話《はなし》をしたいわけじゃない

修学旅行《しゅうがくりょこう》などの宿泊行事《しゅくはくぎょうじ》で、夜《よる》、みんなで盛《も》り上《あ》がる話《はなし》といえば、好《す》きな人《ひと》の話《はなし》や恋《こい》の話《はなし》かもしれません。しかし、楽《たの》しいと思《おも》える人《ひと》ばかりではなく、つらい思《おも》いをしている人《ひと》もいることを知《し》っておきましょう。

恋《こい》の話《はなし》は楽《たの》しい！と思《おも》えない人《ひと》もいて……

今度《こんど》はCさんに登場《とうじょう》してもらいましょう。Cさんは、こころの性《せい》が女《じょ》性《せい》で、からだの性《せい》も女性《じょせい》、好《す》きになる性《せい》も女性《じょせい》です。ひそかに一学年上《いちがくねんうえ》の女性《じょせい》の先輩《せんぱい》がとても気《き》になっています。その先輩《せんぱい》のことを思《おも》うと胸《むね》がドキドキしてくるようです。そんなCさんですが、同《どう》性《せい》の友《とも》だちと話《はな》していると、よく恋《こい》の話《はなし》になるので、とまどっています。友《とも》だちからは「となりのクラスの○○くんってカッコイイよね」とか、「●●ちゃん、ついに彼氏《かれし》ができたんだって！」といった話《はなし》が出《で》ますが、Cさんはあまりついていけず、あいまいにうなずいているだけです。そしてときおり「Cは彼《かれ》氏《し》できたの？」とか「好《す》きな男子《だんし》はだれ？」

「バレンタインのチョコはどの男子《だんし》にあげるの？」などと聞《き》かれることがあり、とても困《こま》ってしまいます。Cさんはこうした質問《しつもん》をされたときは、適当《てきとう》にごまかしていますが、なんだか自分《じぶん》がウソをついているようで、とてもイヤな気分《きぶん》になってしまいます。Cさんの悩《なや》みはどう工夫《くふう》したら解決《かいけつ》できると思《おも》いますか？

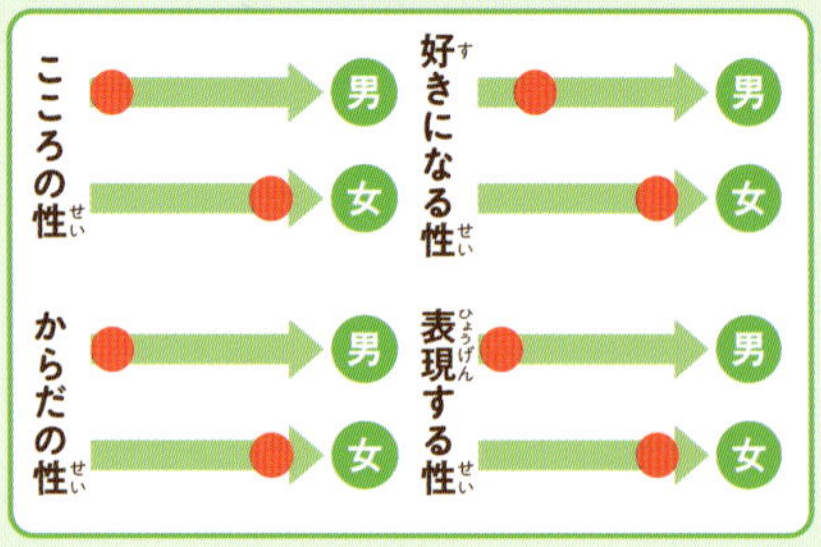

こころの性《せい》が女性《じょせい》、からだの性《せい》も女性《じょせい》で、女《じょ》性《せい》を好《す》きになるCさんは、シスジェンダーでレズビアンです。表現《ひょうげん》する性《せい》は女性《じょせい》です。

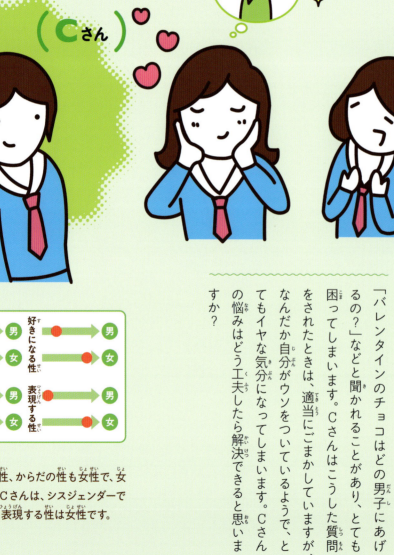

恋《こい》の話《はなし》をする前《まえ》に知《し》っておこう

「だれもが異性《いせい》を好《す》きになるのが当《あ》たり前《まえ》！」という前提《ぜんてい》や、「みんなだれかを好《す》きになるんだよね！」という前提《ぜんてい》がある場合《ばあい》、恋《こい》の話《はなし》をつらく感《かん》じる人《ひと》がいます。Cさんのような同性《どう せい》を好《す》きになる同性愛《どうせいあい》（ホモセクシュアル）の人《ひと》だけでなく、男性《だんせい》も女性《じょせい》も好《す》きになる両性愛《りょうせいあい》（バイセクシュアル）の人《ひと》や、好《す》きになる性別《せいべつ》を問《と》わない全性愛《ぜんせいあい》（パンセクシュアル）の人《ひと》、どの性別《せいべつ》の人《ひと》にも恋愛感情《れんあいかんじょう》をもたない無性愛《むせいあい》（アセクシュアル）の人《ひと》などにとっても、恋《こい》の話《はなし》は苦痛《くつう》になることが少《すく》なくありません。「自分《じぶん》は異性《いせい》を好《す》きにならないから、おかしいんじゃないか」と悩《なや》みを深《ふか》めてしまったり、恋《こい》の話《はなし》ができず、「話題《わだい》に入《はい》らないと仲間《なかま》はずれにされてしまうんじゃないか」と不安《ふあん》に思《おも》ったりすることもあります。

ただし、恋《こい》の話《はなし》をしてはいけないということではありません。異性愛《いせいあい》（ヘテロセクシュアル）が当《あ》たり前《まえ》だという前提《ぜんてい》を考《かんが》えなおしてみましょう。たとえば「彼氏《かれし》できた？」「彼女《かのじょ》できた？」と聞《き》くのではなく、「好《す》きな人《ひと》できた？」とか「恋人《こいびと》できた？」と言葉《ことば》を変《か》えて聞《き》くだけで、聞《き》かれるほうはずいぶんラクになると思《おも》います。また、恋愛《れんあい》をしないから恋《こい》の話《はなし》をふられるとつらく感《かん》じる、という人《ひと》もいますし、どのような性《せい》のありかたの人《ひと》のなかにも恋《こい》の話《はなし》が苦手《にがて》な人《ひと》はいるので、「話《はな》したくなさそうだな」と感《かん》じたら話題《わだい》を変《か》えるようにする、無理《むり》に質問《しつもん》しない、いやいや答《こた》えさせたりしない、といった思《おも》いやりのある対応《たいおう》ができるといいですね。

たとえばこんな言《い》いかえかた

だれか好《す》きな男子《だんし》（女子《じょし》）っているの？

彼氏《かれし》（彼女《かのじょ》）いる？

↓

だれか好《す》きな人《ひと》（気《き》になる人《ひと》）いるの？

恋人《こいびと》（つき合《あ》っている人《ひと》）いる？

こんな態度《たいど》はやめよう

友《とも》だちなのになんで秘密《ひみつ》にするの？

好《す》きな人《ひと》がいないんだったらだれか紹介《しょうかい》してあげようか？

ひょっとして同性《どうせい》の子《こ》が好《す》きなの？

恋《こい》の話《はなし》をしたくない人《ひと》に無理矢理《むりやり》させようとしたり、冗談《じょうだん》のつもりで性《せい》のありかたについて聞《き》いたりするのはやめましょう。

④ 心《こころ》ない言葉《ことば》に接《せっ》したときはどうすればいい？

ここまで、学校《がっこう》のなかで、男女《だんじょ》で分《わ》けられる場所《ばしょ》やものごとについていろいろと考《かんが》えてきましたが、まだまだＬＧＢＴの人《ひと》に対《たい》する心《こころ》ない言葉《ことば》や態度《たいど》を目《め》にすることがあります。そんなときはどうしたらいいのかを考《かんが》えていきましょう。

ＬＧＢＴをネタにしている場面《ばめん》に出合《であ》ったら？

テレビを見《み》ていると、「オネエタレント」と呼《よ》ばれる人《ひと》たちがバラエティ番組《ばんぐみ》などに登場《とうじょう》して、大《おお》きな人気《にんき》を集《あつ》めています。こうしたタレントさんは、ときおり自分《じぶん》のことを「オネエだから」とか「オカマだから」と言《い》って笑《わら》いを取《と》ることがあります。また、アニメやマンガのなかにも、ＬＧＢＴをイメージさせる登場人物《とうじょうじんぶつ》が出《で》てきたり、それをネタに笑《わら》いを取《と》る場面《ばめん》があったりします。そうした場面《ばめん》のまねをして、学校《がっこう》で、たとえば少《すこ》し女《おんな》の子《こ》っぽいとされる話《はな》しかたをした男《おとこ》の子《こ》に向《む》かって、「オカマみたい」「オネエ」と言《い》ってからかう人《ひと》がいます。

からかった人《ひと》はただの冗談《じょうだん》のつもりでも、その言葉《ことば》を言《い》われた人《ひと》や聞《き》いた人《ひと》のなかには傷《きず》ついている人《ひと》がいるかもしれません。性《せい》のありかたはその人《ひと》のアイデンティティ（その人《ひと》がその人《ひと》であること）であり、「どんなふうに生《い》きていくのか」という人生《じんせい》のありかたにもかかわることなので、性《せい》のありかたをネタにからかったり冗談《じょうだん》を言《い》ったりすると、その人《ひと》そのものや、その人《ひと》の生《い》きかたを否定《ひてい》することにつながります。だからとても傷《きず》つけてしまうことがあります。人《ひと》をむやみに傷《きず》つけないために、人《ひと》の性《せい》のありかたをその人《ひと》の意思《いし》に反《はん》してネタにするのはやめましょう。

笑《わら》われたりからかいの対象《たいしょう》になったりするのがイヤで、自分《じぶん》の気持《きも》ちをおさえて、まわりに合《あ》わせて笑《わら》っている人《ひと》もいます。その人《ひと》たちもじつは傷《きず》ついています。

＊「オネエ」「オカマ」のほか、「ホモ」「レズ」といった言葉《ことば》も、人《ひと》を傷《きず》つける可能性《かのうせい》があります。使《つか》わないようにしましょう。

偏《へん》見《けん》や思《おも》いこみをなくすためにできること

ＬＧＢＴをネタにして笑《わら》う場《ば》面《めん》はなぜ起《お》きてしまうのでしょう？　ひとつは、まわりにＬＧＢＴの人《ひと》はいないという思《おも》いこみがあって、どこか知《し》らないところにいる人《ひと》の話《はなし》をしているような気《き》分《ぶん》になっているからだと思《おも》われます。Ｐ・23にもあるように、ＬＧＢＴの人《ひと》は13人《にん》から20人《にん》に1人《ひとり》という割《わり》合《あい》でいるので、あなたのまわりにだれもいない、ということはありません。また、まわりのだれかの友《とも》だちや家《か》族《ぞく》がＬＧＢＴであるという可《か》能《のう》性《せい》もあります。ＬＧＢＴの人《ひと》は身《み》近《ぢか》にいるんだ、という意《い》識《しき》があれば、きっとＬＧＢＴをネタにする人《ひと》は少《すく》なくなっていくと思《おも》います。

また、ＬＧＢＴについての知《ち》識《しき》があまりないため、ついつい軽《かる》い気《き》持《も》ちで、ネタにしてしまう人《ひと》もいます。下《した》に、ＬＧＢＴの人《ひと》についてのよくある誤《ご》解《かい》や疑《ぎ》問《もん》を質《しつ》問《もん》形《けい》式《しき》でまとめました。正《ただ》しい知《ち》識《しき》をもつことは、偏《へん》見《けん》（かたよった意《い》見《けん》・決《き》めつけ）や思《おも》いこみをなくし、からかいやいじめを防《ふせ》ぐことにつながります。ほかにも知《し》りたいと思《おも》うことがあったら本《ほん》を読《よ》むなどして調《しら》べてみましょう。（↓Ｐ・112）

Q1 同《どう》性《せい》愛《あい》は病《びょう》気《き》なの？

病《びょう》気《き》ではないので、治《なお》す必《ひつ》要《よう》はありません。1993年《ねん》に世《せ》界《かい》保《ほ》健《けん》機《き》関《かん》が、治《ち》療《りょう》の対《たい》象《しょう》にならないと宣《せん》言《げん》したのをきっかけに、日本でも同《どう》性《せい》愛《あい》は治《ち》療《りょう》する必《ひつ》要《よう》のないものと考《かんが》えられるようになり、現《げん》在《ざい》はアイデンティティのひとつとしてとらえられています。

Q2 ゲイの人《ひと》はみんな女《おんな》の人《ひと》のかっこうをするの？

そんなことはありません。好《す》きになる性《せい》と、表《ひょう》現《げん》する性《せい》はまったく別《べつ》のものなので、女《じょ》性《せい》が好《す》きな男《だん》性《せい》も、男《だん》性《せい》が好《す》きな男《だん》性《せい》も、男《だん》性《せい》用《よう》の服《ふく》を好《この》む人《ひと》も、女《じょ》性《せい》用《よう》の服《ふく》を好《この》む人《ひと》もいて、人《ひと》それぞれです。

Q3 LGBTの人《ひと》ってファッションセンスがいいの？

芸《げい》術《じゅつ》的《てき》な分《ぶん》野《や》で活《かつ》躍《やく》しているLGBTの人《ひと》もいますが、LGBTだからセンスがいいと決《き》まっているわけではありません。それぞれ別《べつ》の個《こ》性《せい》として考《かんが》えましょう。

Q4 ゲイの人《ひと》は、男《おとこ》の人《ひと》ならだれでも好《す》きになる？

たとえば、異《い》性《せい》愛《あい》者《しゃ》の男《だん》性《せい》は、女《じょ》性《せい》ならだれでも好《す》きになるわけではありませんよね。同《おな》じように、ゲイの人《ひと》も男《だん》性《せい》ならだれでも好《す》きになるというわけではありません。それはどのような性《せい》のありかたの人《ひと》でも同《おな》じです。

Q5 LGBTの人《ひと》なのかな？と気《き》になる人《ひと》がいるんだけど、どうしたらいいの？

見《み》た目《め》やかっこうだけで、だれかの性《せい》のありかたを決《き》めつけることはできません。自《じ》分《ぶん》の性《せい》のありかたを話《はな》すか話《はな》さないかは、本《ほん》人《にん》が決《き》めることです。たとえ気《き》になっても、本《ほん》人《にん》から無《む》理《り》に聞《き》き出《だ》すことはひかえましょう。本《ほん》人《にん》が話《はな》したいと思《おも》ったときに、安《あん》心《しん》して話《はな》せる環《かん》境《きょう》をつくるためにはなにができるか考《かんが》えてみましょう。

わたしのライフヒストリー 3

悩《なや》んでも迷《まよ》ってもいい。自分《じぶん》と向《む》き合《あ》う時間《じかん》がたいせつ。

高校《こうこう》3年生《ねんせい》で、女子《じょし》の制服《せいふく》から男子《だんし》の制服《せいふく》へ。「トランスジェンダー」という言葉《ことば》に出合《であ》い、心《こころ》のモヤモヤが晴《は》れるのを感《かん》じたてつさんは、「答《こた》えをすぐ見《み》つけようとあせらなくてもいい」と思《おも》うようになりました。

てつさん
20歳《さい》・大学生《だいがくせい》

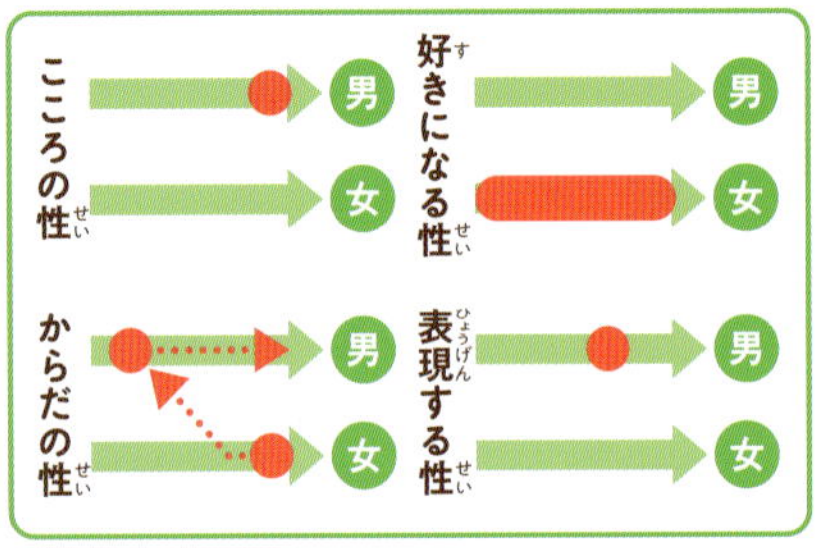
こころの性《せい》
男
女
好《す》きになる性《せい》
男
女
からだの性《せい》
男
女
表現《ひょうげん》する性《せい》
男
女

てつさんはトランスジェンダーの男性《だんせい》。好《す》きになる人《ひと》は女性《じょせい》。いまのからだを変《か》えることは、時間《じかん》をかけてマイペースに考《かんが》えていくつもり。

スカートからズボンへ 卒業式《そつぎょうしき》は自分《じぶん》が望《のぞ》む制服《せいふく》で

——小《ちい》さいときはどんな子《こ》どもでしたか？

フィリピン共和国《きょうわこく》で生《う》まれて、7歳《さい》で日本に来《き》ました。小学校《しょうがっこう》はアメリカンスクールだったんですが、当時《とうじ》から男《おとこ》の子《こ》っぽい服《ふく》で、まわりは「ボーイッシュな子《こ》」という認識《にんしき》でした。

スポーツが得意《とくい》で、いろいろなことに挑戦《ちょうせん》するタイプ。男女分《だんじょわ》けが少《すく》なかった小学校時代《しょうがっこうじだい》は、大《おお》きな悩《なや》みもなく……高学年《こうがくねん》になって、自分《じぶん》がまわりと少《すこ》しちがうかも？ と思《おも》ったくらい。

——中学校《ちゅうがっこう》に進学《しんがく》してから、制服《せいふく》などはどうで

したか？

日本の公立中学校《こうりつちゅうがっこう》に、1年生《ねんせい》の途中《とちゅう》で編入《へんにゅう》したんです。当時《とうじ》は日本語《ご》がほとんどできなくて、ひらがなしか読《よ》めなかった。制服《せいふく》のスカートには違和感《いわかん》がありましたが、日本語《ご》をおぼえるのにとにかく必死《ひっし》でした。中学《ちゅうがく》では朝練《あされん》や放課後練習《ほうかごれんしゅう》があるときは部活着《ぶかつぎ》で登下《とうげ》校《こう》ができたからか、あまりスカートのことで悩《なや》まなかったんです。自分《じぶん》がまわりの女子《じょし》とちがうかも、とはっきり思《おも》ったのは、泊《と》まりがけのスキー教室《きょうしつ》で、みんなで私服《しふく》で行動《こうどう》したときかな。

――男女別《だんじょべつ》の学校《がっこう》イベントですね。

クラスの女子《じょし》は短《みじか》いスカートやフリフリの私服《しふく》で、ノリが自分《じぶん》とちがっていました。「自分《じぶん》は女子《じょし》と一緒《いっしょ》の部屋《へや》に泊《と》まるのか」と思《おも》うと、気《き》が重《おも》かった。でもそういう気持《きも》ちをうまく言葉《ことば》にできなくて、だれにも言《い》えない孤独感《こどくかん》を抱《かか》えていました。

――高校生《こうこうせい》になってからは？

公立高校《こうりつこうこう》の外国語《がいこくご》コースに入学《にゅうがく》しました。漢字検定《かんじけんてい》3級《きゅう》にも受《う》かっていて、勉強《べんきょう》は嫌《きら》いじゃなかったので、成績《せいせき》もまあまあ。留《りゅう》学生《がくせい》と交流《こうりゅう》したり、国際交流委員《こくさいこうりゅういいん》を務《つと》めたり、「行動力《こうどうりょく》があるね」と言《い》われるタイプでした。女子《じょし》バスケットボール部《ぶ》に入《はい》って、部活動優《ぶかつどうゆう》先《せん》の生活《せいかつ》でした。

バスケはほんとうに大好《だいす》きだったんですが、からだの接触《せっしょく》が多《おお》いスポーツだし、部室《ぶしつ》でほかの女子部員《じょしぶいん》と一緒《いっしょ》に着替《きが》えるのもしんどくなってきて、高校《こうこう》2年生《ねんせい》のはじめにマネージャーに転身《てんしん》しました。

――どのように、自身《じしん》の性《せい》のありかたについて認識《にんしき》していったのですか？

高校《こうこう》1年生《ねんせい》の後半《こうはん》のころにネットでたまたま、『トランスジェンダー』という単語《たんご》を発見《はっけん》したんです。

そのときは自分《じぶん》が昔《むかし》から抱《かか》えていたモヤモヤの正体《しょうたい》がわかった気《き》がして、ほんとうにスッキリしたのを覚《おぼ》えています。自分《じぶん》の苦《くる》しさの理由《りゆう》がわかったような気《き》がしたんです。

そこから、自分《じぶん》のことをよく知《し》っている友《とも》だちや、信頼《しんらい》できるバスケ部《ぶ》の部長《ぶちょう》にはじめてカミングアウトをしました。

高校生《こうこうせい》になるまでは、トランスジェンダーという言葉《ことば》を知《し》らず、自分《じぶん》の気持《きも》ちをあらわす方法《ほうほう》がなかったと語《かた》るてつさん。

――まわりはどのような受《う》けとめかたでしたか？

自分《じぶん》でもおどろいたんですが、みんな「そうなんだ」とただ受《う》け入《い》れてくれましたね。ありのままで受《う》けとめてくれて、とてもありがたかったです。当時《とうじ》、女《おんな》の子《こ》とつき合《あ》っていたので、彼女《かのじょ》にも話《はな》しました。カミングアウト後《ご》も、彼女《かのじょ》は変《か》わらずにつき合《あ》ってくれました。見《み》た目《め》はスカートの制服《せいふく》どうしのカップルだからレズビアンに思《おも》われるだろうけど、「自分《じぶん》は女《おんな》の子《こ》ではない」という思《おも》いがずっとありました。

――ご家族《かぞく》の理解《りかい》はどうだったんでしょう？

親《おや》には、とても言《い》いにくかったです。でも先《さき》にカミングアウトしていた親戚《しんせき》から、父《ちち》と母《はは》にも伝《つた》わってしまいました。父《ちち》はしぶしぶ受《う》け入《い》れてくれましたが、母《はは》には「男《おとこ》の子《こ》として産《う》んだおぼえはない」と言《い》われました。母《はは》もショックだったんだと思《おも》います。でもある日《ひ》、男性用《だんせいよう》のポロシャツを買《か》ってきてくれて。受《う》け入《い》れたことを行動《こうどう》であらわしてくれましたね。

――「トランスジェンダー」という言葉《ことば》を知《し》ってから、生活《せいかつ》はどんなふうに変《か》わりましたか？

学校《がっこう》の先生《せんせい》や親《おや》にも打《う》ち明《あ》けたあとに、男《だん》子《し》の制服《せいふく》を着《き》て学校《がっこう》に通《かよ》えるよう、学校側《がっこうがわ》と交渉《こうしょう》していきました。前例《ぜんれい》がないことなので大変《たいへん》でしたが、「高校生活《こうこうせいかつ》の最後《さいご》の1年《ねん》くらい、男子《だんし》の制服《せいふく》をどうしても着《き》たい」とがんばりました。高《こう》2の3月《がつ》に制服《せいふく》の変更《へんこう》を認《みと》められて、卒業《そつぎょう》アルバムの撮影《さつえい》にも間《ま》に合《あ》った。ほんとうにうれしかったです。

10代《だい》で悩《なや》んだからこそ自《じ》分《ぶん》と深《ふか》く向《む》き合《あ》えた

——高校《こうこう》ではなにがいちばん大変《たいへん》でしたか？

自《じ》分《ぶん》がどんな存在《そんざい》なのか、なにに苦《くる》しんでいるのか、うまく言葉《ことば》にできなかったときがいちばんつらかったです。生活《せいかつ》していくうえでだれにも言《い》えず、悩《なや》んでいることに共感《きょうかん》してもらえることもなかなかない。そんななかで制《せい》服《ふく》を変《か》えてもらえたことはほんとうに大《おお》きな変化《へんか》でした。男友《おとこと》だち《も》と一緒《いっしょ》にいても、やっぱりズボンのほうがしっくりきて、違《い》和《わ》感《かん》なく過《す》ごせました。卒業式《そつぎょうしき》にも男子《だんし》の制服《せいふく》で参《さん》加《か》できたことは、とてもいい思《おも》い出《で》です。

——学校側《がっこうがわ》は協力的《きょうりょくてき》でしたか？

はい。先生《せんせい》たちは、「制服《せいふく》が男子《だんし》に変《か》わったんだからこうするね」と勝手《かって》に決《き》めるのではなく、トイレ、体育《たいいく》、着替《きが》えと、一《ひと》つずつ自分《じぶん》の意思《いし》を確認《かくにん》してくれました。ほかにも、僕《ぼく》のクラスの座席表《ざせきひょう》では男子学生《だんしがくせい》の名前《なまえ》の部分《ぶぶん》に斜《しゃ》線《せん》が引《ひ》かれるんですが、気《き》がついたらさりげなく、自分《じぶん》の名前部分《なまえぶぶん》にも斜線《しゃせん》があって。僕《ぼく》の場合《ばあい》はそういうささいな対応《たいおう》がとてもうれしく、ありがたかったです。

あとはほかにも同《おな》じように悩《なや》む生徒《せいと》がいるかもしれないと思《おも》い、多様《たよう》な性《せい》のありかたに関《かん》する講演会《こうえんかい》や勉強会《べんきょうかい》を学校《がっこう》で開《ひら》いてもらうようお願《ねが》いして、実現《じつげん》してもらいました。

——とても行動的《こうどうてき》ですね。

自《じ》分《ぶん》の身近《みぢか》にＬＧＢＴの生徒《せいと》がいるとわかったら、理解《りかい》も進《すす》むし、悩《なや》んでいる子《こ》は安心《あんしん》できるかもと思《おも》って。結果的《けっかてき》にトランスジェンダーであることを高校《こうこう》で多《おお》くの人《ひと》に伝《つた》えられて、自《じ》分《ぶん》の性《せい》のありかたについて知《し》ってもらいながら生活《せいかつ》ができるようになりました。

卒業後《そつぎょうご》も母《ぼ》校《こう》の高校《こうこう》の講演会《こうえんかい》に呼《よ》んでいただいて、性《せい》の多様性《たようせい》に関《かん》する話《はなし》をしました。最《さい》近《きん》では、性《せい》のありかたについて相談《そうだん》しにくる生《せい》徒《と》も増《ふ》えたみたいです。自《じ》分《ぶん》の活動《かつどう》で、学校側《がっこうがわ》の視《し》野《や》や体制《たいせい》を少《すこ》しでも広《ひろ》げることができたかも、と思《おも》っています。

——読者《どくしゃ》のみんなにメッセージはありますか？

「悩《なや》んでいていいんだよ」と伝《つた》えたいですね。答《こた》えをすぐに見《み》つけようとするよりも、自分《じぶん》に正直《しょうじき》でいることが大事《だいじ》だと思《おも》います。たくさん悩《なや》むほうが、自《じ》分《ぶん》のことを深《ふか》く考《かんが》えられる。自《じ》分《ぶん》を見《み》つめて、自《じ》分《ぶん》自《じ》身《しん》と会《かい》話《わ》することがすごく大《だい》事《じ》です。そして知《ち》識《しき》があると理《り》解《かい》が生《う》まれるので、いろんなことを調《しら》べて、視《し》野《や》を広《ひろ》げることもすごく大事《だいじ》。

悩《なや》まなければ、自《じ》分《ぶん》や社《しゃ》会《かい》を変《か》えようとも思《おも》わないので、悩《なや》むことはとてもいいこと。答《こた》えはいつか、遅《おそ》かれ早《はや》かれ自《し》然《ぜん》と見《み》つかります。答《こた》えを出《だ》すのが目標《もくひょう》じゃなくて、考《かんが》えてみること。悩《なや》んでいてＯＫなんです。

——いまはどんなことを楽《たの》しみにしていますか？

経《けい》営《えい》について学《まな》びたいという目標《もくひょう》が見《み》つかって、フィリピンの大学《だいがく》に進学《しんがく》が決《き》まったので、まずは勉強《べんきょう》をがんばりたいと思《おも》います。フィリピンではトランスジェンダーに関《かん》する社《しゃ》会《かい》のとらえかたが日本と比《くら》べて厳《きび》しいところがあるので、男性《だんせい》として何事《なにごと》もなく暮《く》らしたいと思《おも》う反面《はんめん》、自《じ》分《ぶん》ができることをして社《しゃ》会《かい》を少《すこ》しでも変《か》えてみたい、とも思《おも》います。そしていつか、トランスジェンダーとして生《せい》活《かつ》している仲間《なかま》たちに恩返《おんがえ》しをしたいですね。これから先《さき》、いろいろな人《ひと》と出《で》会《あ》って、じっくり考《かんが》えていきたいです。

うんと悩《なや》んでＯＫ！
答《こた》えを出《だ》そうとするより
いろいろな世《せ》界《かい》を知《し》ろう

第4章

カミングアウトするとき／受《う》けるとき

本当《ほんとう》の自分《じぶん》 出《だ》してもいい？

オレもあんな彼女《かのじょ》ほし〜！
え〜オレはミサトちゃんがいい
タクトはどっち？
えっ！
ボクも…ミサトちゃん…かなあ
またウソをついた…
ホントはどっちにも興味《きょうみ》ないのに
あのケイタって俳優《はいゆう》が気《き》に入《い》らね〜！
マッキーとキスしやがって〜！
ボクは
男《おとこ》の人《ひと》が好《す》きだ
でもさあケイタって
ゲイ疑惑《ぎわく》あるよな？
げッマジ!?
びくっ

きもちわる!
気持《きも》ち悪《わる》い…
だよね…
マッキーよりも男《おとこ》が好《す》きなんておかしくね?
やっぱボクおかしいんだ…
別《べつ》におかしいことねーだろ
えー!リョウは平気《へいき》なのかよ
マジー!?
平気《へいき》もなにもさわぐことじゃなくね?
前《まえ》におまえがカッコイイって言《い》ってた海外俳優《かいがいはいゆう》だって男《おとこ》どうしで結婚《けっこん》してるぜ

だれがだれを好《す》きでもいいじゃん
リョウ大人だな
…
リョウ…
「だれがだれを好《す》きでもいい」
そう思《おも》う人《ひと》もいるんだ
だれにも自分《じぶん》のことを言《い》えなくって
ウソつくたびにすごく息苦《いきぐる》しかったけど…
リョウになら話《はな》せるかも…
だれかに聞《き》いてもらえたら少《すこ》しラクになれる気《き》がする…

1 カミングアウトってなに？

「ほんとうの気持《きも》ちを言《い》いにくい」「自分《じぶん》はまわりと少《すこ》しちがうかもしれない」「いつもなんとなく苦《くる》しい」……そうした思《おも》いを抱《かか》えている人《ひと》たちがいます。
自分《じぶん》のことを話《はな》しにくいケースについて考《かんが》えてみましょう。

自分《じぶん》のことを話《はな》せない人《ひと》もいる

あなたは今日《きょう》、だれとどんなことを話《はな》しましたか？　友《とも》だち、家族《かぞく》、学校《がっこう》の先生《せんせい》、地域《ちいき》の人《ひと》……毎日《まいにち》の暮《く》らしの中《なか》では、いろいろな人《ひと》と会話《かいわ》することがあります。

ふだんみんなが自然《しぜん》に話《はな》していることには、じつは多《おお》くの「思《おも》いこみ」が存在《そんざい》しています。たとえば、「世界《せかい》には男《おとこ》と女《おんな》の二《ふた》つの性別《せいべつ》しかない」というのもひとつの思《おも》いこみです。それから、「カップルは男《おとこ》と女《おんな》の組《く》み合《あ》わせだけ」という思《おも》いこみもあるかもしれません。とくにドラマや映画《えいが》、テレビのCMでは男女《だんじょ》の組《く》み合《あ》わせがたくさん登場《とうじょう》します。

男《おとこ》と女《おんな》という二《ふた》つの性別《せいべつ》だけ、カップルは男《おとこ》と女《おんな》の組《く》み合《あ》わせだけが「当《あ》たり前《まえ》」とされてしまうと、

女《おんな》の子《こ》が好《す》き
わたしが変《へん》なのかな？
う、うん……
こんな男《おとこ》の子《こ》が彼氏《かれし》だったらいいよねー!!
クローゼット
closet

「自分《じぶん》はそれにあてはまらないな……」と感《かん》じた人《ひと》は、ほんとうの気持《きも》ちをなかなか言《い》い出《だ》すことができません。「自分《じぶん》のことを変《へん》だと思《おも》われたらどうしよう」と悩《なや》んだり、あるいは実際《じっさい》に感《かん》じていることを話《はな》せなかったりします。

カミングアウト・オブ・ザ・クローゼット

こういう「自分《じぶん》の本音《ほんね》を話《はな》せない」状況《じょうきょう》は、まるで洋服《ようふく》だんす(クローゼット)のなかで過《す》ごしているようなものです。

クローゼットのなかはせまくて、暗《くら》くて、息苦《いきぐる》しいもの。まわりの人《ひと》に自分《じぶん》のことを話《はな》せない状況《じょうきょう》もそれにたとえられています。ありのままの自分《じぶん》を伝《つた》えることを、「coming out of the closet(クローゼットから出《で》てくる)」という英語《えいご》の表現《ひょうげん》から「カミングアウト」といいます。

② カミングアウトはなぜするの？

あなたなら、大事《だいじ》なことをどうやって打《う》ち明《あ》けますか？　だれに打《う》ち明《あ》けますか？ きっと、自分《じぶん》のことを受《う》けとめてくれそうな人《ひと》に話《はな》すと思《おも》います。 カミングアウトについて、くわしく考《かんが》えてみましょう。

カミングアウトする気持《きも》ちは人《ひと》それぞれ

カミングアウトをするかしないかは、人《ひと》それぞれです。10代《だい》でカミングアウトする人《ひと》もいれば、60代《だい》、70代《だい》になってもカミングアウトしない人《ひと》もいます。逆《ぎゃく》にクローゼットに一度《いちど》も入《はい》らずに過《す》ごしている人《ひと》だっています。

また、カミングアウトのきっかけやタイミングも、人《ひと》によってちがいます。本人《ほんにん》の気持《きも》ちや、まわりの環境《かんきょう》によって、カミングアウトの状況《じょうきょう》は100人《にん》いれば100通《とお》りあります。そのことをふまえつつ、カミングアウトするときの状況《じょうきょう》を大《おお》きく二《ふた》つに分《わ》けてみると、下《した》のように、「知《し》ってほしい」場合《ばあい》と、「困《こま》っていて、解決策《かいけつさく》を探《さが》している」場合《ばあい》があります。

「知《し》ってほしい」とき

「仲《なか》がいい人《ひと》に、ありのままの自分《じぶん》を知《し》ってもらいたい」「信頼《しんらい》している人《ひと》には、かくしごとをしたくない」など、言《い》いかたはさまざまですが、「ただ、知《し》っていてほしい」という気持《きも》ちでカミングアウトすることがあります。身近《みぢか》な人《ひと》に「知《し》ってもらう」ことで、無理《むり》をしない自分《じぶん》でいられるからです。

Aさんは、好《す》きになるのは同性《どうせい》の男《おとこ》の人《ひと》でした。そのことをだまっていると気持《きも》ちがモヤモヤするので、友人《ゆうじん》のBさんに思《おも》いきって話《はな》したら、真剣《しんけん》に話《はなし》を聞《き》いてくれて、Aさんはすごく気持《きも》ちがラクになりました。

「困《こま》っていて、解決策《かいけつさく》を探《さが》している」とき

性《せい》のありかたに関連《かんれん》してなにか困《こま》ったことがある場合《ばあい》、相談《そうだん》に乗《の》ってもらったり、一緒《いっしょ》に解決策《かいけつさく》を探《さが》してほしかったりするために、カミングアウトをすることがあります。たとえば学校《がっこう》で「男《おとこ》」か「女《おんな》」か、二《ふた》つに分《わ》かれる状況《じょうきょう》に悩《なや》んでいるとか、また、友《とも》だちからのいじめや先生《せんせい》・保護者《ほごしゃ》からの誤解《ごかい》に困《こま》っているなど。何《なに》に困《こま》っているか、どんなふうに対応《たいおう》してほしいのかをくわしく伝《つた》えるためにカミングアウトすることがあります。

Cさんは、“男《おとこ》らしくない”ということで、まわりの友《とも》だちからいじめられ、悩《なや》んでいました。自分《じぶん》のことをわかってくれている友人《ゆうじん》のDさんに打《う》ち明《あ》けたら、「今度《こんど》、一緒《いっしょ》に先生《せんせい》に相談《そうだん》しにいってみる？」と言《い》ってくれました。

カミングアウトはしても、しなくてもいい

カミングアウトをすることで、周囲《しゅうい》の人《ひと》に自分《じぶん》のことをかくさずに話《はな》せるようになる、自分《じぶん》の望《のぞ》む性《せい》で生《い》きることができるなど、暮《く》らしやすくなる場合《ばあい》があります。

しかし、カミングアウトは「したほうがいいこと」ではありません。また、「しないといけないこと」でもありません。なぜなら、まわりの環境《かんきょう》によっては、カミングアウトがきっかけで居場所《いばしょ》がなくなる、いじめられるなど、生《い》きづらくなる場合《ばあい》もあるからです。

また、「自分《じぶん》の血液型《けつえきがた》はAB型《がた》です！」とわざわざ大《おお》きな声《こえ》で言《い》わないように、性《せい》のありかたについて積極的《せっきょくてき》に言《い》う意味《いみ》を感《かん》じない人《ひと》もいます。その逆《ぎゃく》で「性《せい》のありかたは自分《じぶん》にとってとてもたいせつなことだから、伝《つた》えることに意味《いみ》がある」と感《かん》じる人《ひと》もいます。

だからカミングアウトとは、本人《ほんにん》にとっての「選択肢《せんたくし》」のひとつなのです。まわりの人《ひと》が「カミングアウトしたほうがいい」「カミングアウトしないほうがいい」と決《き》めるのではなく、本人《ほんにん》の意思《いし》を尊重《そんちょう》することがたいせつです。

「カミングアウトをする／しない」の判断《はんだん》を本人《ほんにん》ができるようにするには、言葉《ことば》や知識《ちしき》、情報《じょうほう》が本人《ほんにん》にきちんと届《とど》くことが重要《じゅうよう》になってきます。カミングアウトはあくまで自《じ》分《ぶん》らしく生《い》きるためのひとつの方法《ほうほう》にすぎません。カミングアウトしなくても、ＬＧＢＴの人《ひと》たちが自分《じぶん》らしく生《い》きられる社会《しゃかい》や人《にん》間関係《げんかんけい》が望《のぞ》まれます。

LGBTであることを打《う》ち明《あ》けた相手《あいて》は？

相手	割合
同級生《どうきゅうせい》	72%
部活《ぶかつ》の友人《ゆうじん》	35%
学校《がっこう》のそのほかの友人《ゆうじん》	24%
学校以外《がっこういがい》の友人《ゆうじん》	26%
担任《たんにん》の先生《せんせい》	13%
保健室《ほけんしつ》の先生《せんせい》	14%
そのほかの先生《せんせい》	13%
父親《ちちおや》	10%
母親《ははおや》	23%
きょうだい	13%

多《おお》くの人《ひと》が、カミングアウトの相手《あいて》に同年代《どうねんだい》の友人《ゆうじん》を選《えら》んでいることがわかります。この本《ほん》を読《よ》んでくれている人《ひと》のなかにも、まわりの友《とも》だちからカミングアウトを受《う》けたことのある人《ひと》がいるかもしれませんね。

＊2013年《ねん》に行《おこな》われた、「いのちリスペクト。ホワイトリボンキャンペーン」から「LGBTの学校生活《がっこうせいかつ》に関《かん》する実態調査《じったいちょうさ》」より。

③ カミングアウトする？ しない？

カミングアウトをすると、どのようなことが起《お》こるのか。ここではAさんという人《ひと》が、いつ、だれに、どのようにカミングアウトしていったかを例《れい》として紹介《しょうかい》しましょう。

Aさん レズビアン の場合《ばあい》

「女《おんな》の子《こ》」として誕生《たんじょう》。ピンクや花柄《はながら》のベビー服《ふく》を着《き》て、かわいいお人形《にんぎょう》で遊《あそ》んで育《そだ》った。

性《せい》のありかたの自覚《じかく》

思春期《ししゅんき》になると、まわりが「好《す》きな男《おとこ》の子《こ》」の話題《わだい》でいっぱいに。でも男《おとこ》の子《こ》は好《す》きにならない自分《じぶん》がいた。初恋《はつこい》は中学《ちゅうがく》2年《ねん》。中《ちゅう》3の女性《じょせい》の先輩《せんぱい》を好《す》きになった。

友《とも》だちに打《う》ち明《あ》ける

中《ちゅう》3の春《はる》、自分《じぶん》の性《せい》のありかたについて、小学校《しょうがっこう》からの友人《ゆうじん》にかくしておくのがつらかったので、思《おも》いきって打《う》ち明《あ》ける。友人《ゆうじん》は「そうなんだ！」と反応《はんのう》。拒絶《きょぜつ》されないことにほっとした。

いろいろなカミングアウトのかたち

「カミングアウト」をするかしないか、するときのタイミングなどは、本人《ほんにん》の状況《じょうきょう》やまわりの環境《かんきょう》によってひとりひとりちがうので、「理想的《りそうてき》なカミングアウト」や「よくあるカミングアウト」は存在《そんざい》しません。カミングアウトしても、相手《あいて》の反応《はんのう》に傷《きず》ついてしまったり、知《し》られたくない人《ひと》に知《し》られたりする場合《ばあい》も残《ざん》念《ねん》ながらあります。また、だれに対《たい》してもカミングアウトをしてオープンな人《ひと》もいれば、ある人《ひと》には自分《じぶん》のことを話《はな》していても、別《べつ》の人《ひと》には話《はな》していないこともあります。また、大事《だいじ》な人《ひと》だからこそ「嫌《きら》われたらどうしよう……」と話《はな》せない場合《ばあい》もあります。

カミングアウトについて、ひとりでじっくり考《かんが》えてみてもいいですし、ほかの人《ひと》の意見《いけん》を聞《き》いてみたいと思《おも》ったら、専門《せんもん》の相談窓口《そうだんまどぐち》に頼《たよ》ることもできます。（P．110）

カミングアウトは一回《いっかい》きりのイベントではない

一度《いちど》カミングアウトしても、相手《あいて》にうまく伝《つた》わらなかったり、拒絶《きょぜつ》されたりすることもあります。家族《かぞく》や親友《しんゆう》など、自分《じぶん》が「とくに理《り》解《かい》してほしい」と思《おも》う人《ひと》から、否定的《ひていてき》な反応《はんのう》をされることもあるかもしれません。

カミングアウトを受《う》けた人《ひと》が、「ひとりずつ性《せい》のありかたはちがっている」ということを知《し》らなかったり、LGBTの人《ひと》は身近《みぢか》にいないと思《おも》っていたりすると、カミングアウトされたことにおどろいてしまって、なかなか話《はな》し合《あ》える状況《じょうきょう》にならない場合《ばあい》もあります。また、正《ただ》しい情報《じょうほう》を得《え》られる機会《きかい》がないことで、LGBTについての誤解《ごかい》や、否定的《ひていてき》な意《い》見《けん》をもっている人《ひと》もいます。しかし、あとから正《ただ》しい情報《じょうほう》を得《え》て誤解《ごかい》が解《と》けることや、最《さい》初《しょ》のおどろきがおさまると落《お》ち着《つ》いて考《かんが》えられるようになること、5年《ねん》、10年《ねん》たってからようやく話《はな》し合《あ》えるようになることもあります。

カミングアウトしたときに否定的《ひていてき》な反応《はんのう》をされると、「カミングアウトしなければよかった」「失敗《しっぱい》だった」と思《おも》ってしまうこともあるかもしれません。また、カミングアウトを受《う》けた人《ひと》も、思《おも》わず否定的《ひていてき》な反《はん》応《のう》をしてしまったら、「もう、もと通《どお》りの関係《かんけい》にはもどれないかも」と思《おも》ってしまうことがあるかもしれません。しかし、カミングアウトは「一《いっ》回《かい》きりのイベント」ではありません。相手《あいて》と関係《かんけい》を続《つづ》けながら、時間《じかん》をかけて話《はな》し合《あ》うための土台《どだい》を作《つく》ることも可能《かのう》です。おたがいの性格《せいかく》や人柄《ひとがら》を少《すこ》しずつ知《し》っていくように、性《せい》のありかたのことも、時間《じかん》をかけて伝《つた》え合《あ》っていくことができます。

いまの社会《しゃかい》では、LGBTの人《ひと》たちをはじめとするさまざまな背景《はいけい》をもつ人《ひと》が、カミングアウトをするかしないか、だれにするか、いつするか、などを考《かんが》え続《つづ》けなければいけない状況《じょうきょう》です。でも、ひとりひとりの性《せい》のありかたや生《い》きかたが多様《たよう》であることが当《あ》たり前《まえ》になっていけば、いずれはカミングアウトという言葉自体《ことばじたい》がなくなる日《ひ》が来《く》るかもしれません。

家族《かぞく》に打《う》ち明《あ》ける

高《こう》2のとき、思《おも》いきって家族《かぞく》にカミングアウトする。母《はは》はわかってくれたけど、父《ちち》には「かんちがいだよ、そのうち男《おとこ》の人《ひと》が好《す》きになるよ」と言《い》われた。

学校《がっこう》の先生《せんせい》に打《う》ち明《あ》ける

家庭科《かていか》の時間《じかん》に、「ドイツの同性婚《どうせいこん》」について学《まな》んだ。思《おも》いきって、家庭科《かていか》の先生《せんせい》に自分《じぶん》のことを話《はな》してみた。「そうなんだ。話《はな》してくれてありがとう」と言《い》ってくれて、うれしかった。大人《おとな》でも、LGBTの人《ひと》たちを笑《わら》いのネタにしている人《ひと》には、打《う》ち明《あ》けにくいなと思《おも》っている。

④ カミングアウトを受《う》けたらどうする？

だれでもカミングアウトを受《う》ける可能性《かのうせい》があります。もしもあなたがカミングアウトを受《う》けるときがきたら、どんなふうに行動《こうどう》するといいのか考《かんが》えてみましょう。

だれでもカミングアウトを受《う》けることはある

LGBTの人《ひと》や、自分《じぶん》のことをLGBTかもしれないと思《おも》っている人《ひと》は、国籍《こくせき》、人種《じんしゅ》、年齢《ねんれい》、家族《かぞく》構成《こうせい》にかかわらずいろいろなところにいます。カミングアウトを受《う》ける可能性《かのうせい》はだれにでもあり、いきなりカミングアウトを受《う》けることもあれば、時間《じかん》をかけて少《すこ》しずつカミングアウトを受《う》けることもあります。カミングアウトを受《う》けたときに思《おも》い出《だ》してほしいことを6つの項目《こうもく》にまとめてみました。

1 最後《さいご》まで相手《あいて》の話《はなし》を聞《き》く

「はじめて人《ひと》にカミングアウトする」という人《ひと》もいます。うまく話《はな》せないかもしれませんし、話《はなし》がとても長《なが》くなってしまうかもしれません。その人自身《ひとじしん》が、自分《じぶん》のことを否定的《ひていてき》にとらえているかもしれません。最後《さいご》までしっかりと、相手《あいて》の言葉《ことば》に耳《みみ》をかたむけてください。また、「ほかの人《ひと》に聞《き》かれたらどうしよう」と不安《ふあん》に思《おも》う人《ひと》もいます。ほかの人《ひと》に聞《き》かれない場所《ばしょ》で、ゆっくりと話《はなし》を聞《き》けることが望《のぞ》ましいです。

2 「話《はな》してくれてありがとう」と伝《つた》える

「勇気《ゆうき》をふりしぼって話《はな》した」「わかってもらえるか、こわい」と思《おも》っている人《ひと》もいます。そのためにとても緊張《きんちょう》しているかもしれません。だから「話《はな》してくれてありがとう」「自分《じぶん》に伝《つた》えてくれてうれしい」といった、カミングアウトをした人《ひと》がほっと安心《あんしん》できる言葉《ことば》を伝《つた》えられるといいですね。

3 相手《あいて》の話《はなし》や状況《じょうきょう》をむやみに決《き》めつけない

本人《ほんにん》の性《せい》のありかたやこころの状況《じょうきょう》を決《き》められるのは、本人《ほんにん》だけです。「思《おも》い過《す》ごしだよ」「そのうち治《なお》るって！」「女《おんな》の子《こ》が好《す》きなら、きっとレズビアンなんじゃない？」など、相手《あいて》の性《せい》のありかたを勝手《かって》に決《き》めつけることはできません。相手《あいて》が感《かん》じたことを否定《ひてい》したり、笑《わら》いとばしたり、早《はや》く決《き》めることをうながしたりすることはよくありません。

性《せい》のありかたは、迷《まよ》ったり、決《き》めないままでいたり、移《うつ》り変《か》わったりしてもいいのです。無理《むり》にひとつの言葉《ことば》や価値観《かちかん》にあてはめようとしないで、相手《あいて》のことをありのままに受《う》け止《と》めてください。

ほんとうの恋愛《れんあい》を知《し》らないだけでしょ！
トラウマがあるんだね
ほんとうの男《おとこ》よりカッコイイもんね！
じゃあほんとはオネエ言葉《ことば》を使《つか》うの？
女《おんな》(男《おとこ》)になりたいんだね！
かんちがいだよ！

自分《じぶん》の価値観《かちかん》にあてはめて相手《あいて》を決《き》めつけてしまうことは、その人《ひと》を苦《くる》しめることにもなります。自分《じぶん》の言葉《ことば》に「決《き》めつけ」がないか、気《き》をつけましょう。

小学生《しょうがくせい》から高校生《こうこうせい》のあいだに自分《じぶん》がLGBTだと話《はな》すことはできましたか？

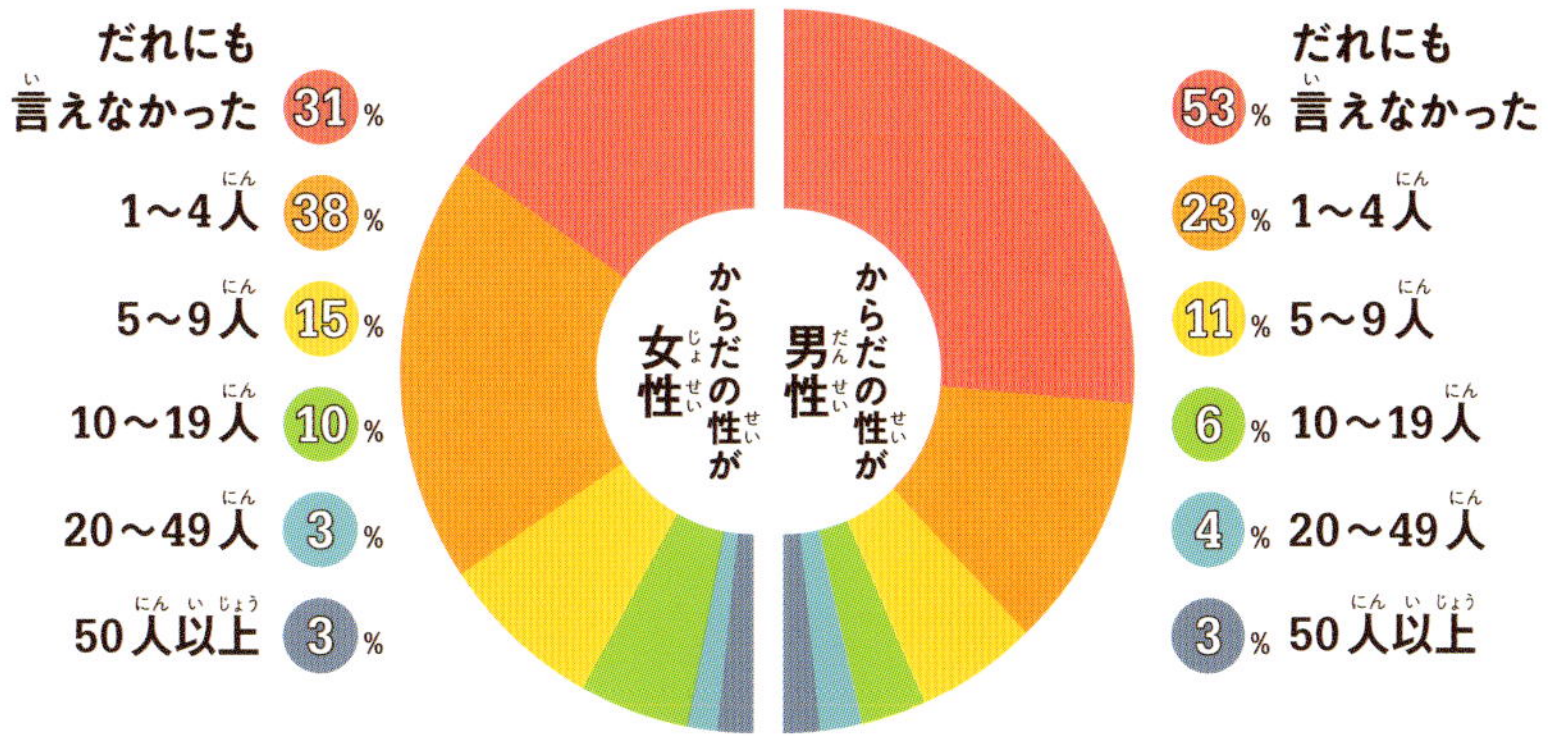
からだの性《せい》が女性《じょせい》
だれにも言《い》えなかった 31%
1〜4人《にん》 38%
5〜9人《にん》 15%
10〜19人《にん》 10%
20〜49人《にん》 3%
50人以上《にんいじょう》 3%
からだの性《せい》が男性《だんせい》
だれにも言《い》えなかった 53%
1〜4人《にん》 23%
5〜9人《にん》 11%
10〜19人《にん》 6%
20〜49人《にん》 4%
50人以上《にんいじょう》 3%

自分《じぶん》がLGBTであることを「だれにも言《い》えなかった」と答《こた》えた人《ひと》は、「からだの性《せい》が男性《だんせい》」では全体《ぜんたい》の約《やく》5割《わり》で、「からだの性《せい》が女性《じょせい》」では全体《ぜんたい》の約《やく》3割《わり》。カミングアウトをすることが、かなりむずかしいと思《おも》っているLGBTの人《ひと》が多《おお》いことがわかります。自分《じぶん》が知《し》らないからといって、まわりにLGBTの人《ひと》がいないと判断《はんだん》することはできません。あなたもこれからカミングアウトを受《う》けるかもしれません。

＊ホワイトリボンキャンペーン「LGBTの学校生活《がっこうせいかつ》に関《かん》する実態調査《じったいちょうさ》」(2013年《ねん》)より。
10〜35歳《さい》までのLGBTの人《ひと》たち609名《めい》が回答《かいとう》。

「聞《き》くこと」が力《ちから》になる あなたにもできること

自分《じぶん》のことをだれにもわかってもらえないと思《おも》ったり、自分《じぶん》のつらさをほかの人《ひと》に打《う》ち明《あ》けられないと思《おも》ったりしたことはありますか？　そんな経験《けいけん》はないという人《ひと》も、想像《そうぞう》してみましょう。そのようなときは学校生活《がっこうせいかつ》がとても窮屈《きゅうくつ》で、楽《たの》しくないと感《かん》じてしまうのではないでしょうか。そこに、たったひとりでも「相談《そうだん》できる人《ひと》」や「自分《じぶん》のことを話《はな》せる人《ひと》」がいると心強《こころづよ》いですよね。話《はなし》を聞《き》いてもらうだけでもこころが少《すこ》し軽《かる》くなることがあります。また、あなたがこの本《ほん》を読《よ》んでＬＧＢＴやいろいろな性《せい》のありかたについて正《ただ》しい知識《ちしき》を得《え》たことで、もっと相手《あいて》のことを知《し》ることができるかもしれません。自分《じぶん》にできることはどんなことか、このページからの4～6を見《み》ていきましょう。

4 これまで通《どお》りの関係《かんけい》を続《つづ》ける

カミングアウトをしたからといって、その人《ひと》のなにかが変《か》わるわけではありません。ですからその人《ひと》とは変《か》わらず、いままで通《どお》りの関係《かんけい》でいてほしいと思《おも》います。それと同時《どうじ》に、その人《ひと》がたとえば「これからは●●ちゃんではなく、●●くんと呼《よ》んでほしい」といった希望《きぼう》を伝《つた》えてくれたら応《こた》えるようにしましょう。これまで通《どお》りの人間関係《にんげんかんけい》を続《つづ》けるなかで、本人《ほんにん》の希望《きぼう》に合《あ》わせて変《か》えられるところは変《か》えていくことがたいせつです。

身近《みぢか》な人《ひと》がLGBTだった場合《ばあい》、これまでと変《か》わりなく接《せつ》することができる？

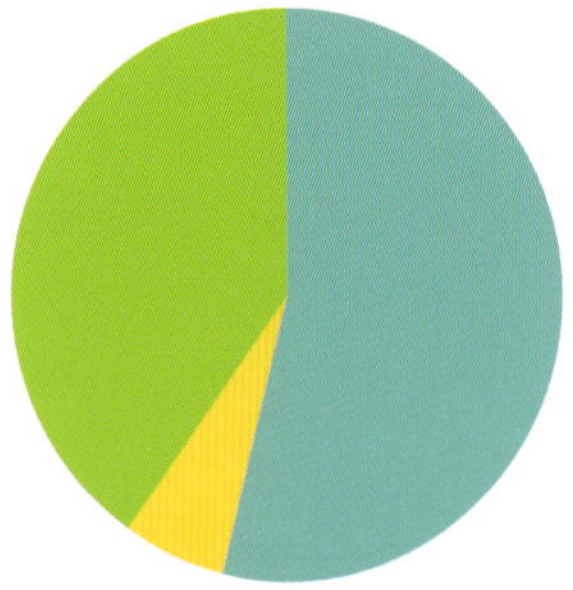

54% できる　6% できない　40% わからない

カミングアウトを受《う》けた側《がわ》の反応《はんのう》も、人《ひと》それぞれだと思《おも》います。たいせつなのは、カミングアウトを受《う》けた側《がわ》の反応《はんのう》が相手《あいて》を傷《きず》つけることもあれば、相手《あいて》の生《い》きる力《ちから》につながることもあるということを知《し》っておくことです。また、最初《さいしょ》は思《おも》いがけず相手《あいて》を傷《きず》つけてしまったとしても、そこからまた関係《かんけい》を築《きず》き直《なお》していくこともできます。

＊千葉市《ちばし》／平成《へいせい》27年度《ねんど》に実施《じっし》された第《だい》7回《かい》WEBアンケート（回答《かいとう》者《しゃ》は854人《にん》）より。

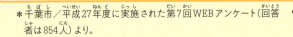

5 勝手《かって》にほかの人《ひと》に広《ひろ》めない

カミングアウトを受《う》けたら、本人《ほんにん》へのことわりもなく、そのことを勝手《かって》にほかの人《ひと》に話《はな》してはいけません。だれかに話《はな》す前《まえ》に、「この話《はなし》は、ほかの人《ひと》にも話《はな》したことがあるかどうか」「別《べつ》の人《ひと》に話《はな》してもいいかどうか」を確認《かくにん》しましょう。勝手《かって》に話《はなし》を広《ひろ》めると、本人《ほんにん》がとても困《こま》ったり、傷《きず》ついたりすることがあります。こうしたことは、次《つぎ》のページ（P・82）にくわしく書《か》いてあるので、読《よ》んでみてください。

6 困《こま》ったり悩《なや》んだりしたら相談《そうだん》できる窓口《まどぐち》へ

日本にはLGBTの人《ひと》やその友《とも》だちなどが相談《そうだん》したり交流《こうりゅう》したりできる場所《ばしょ》がたくさんあります(→P.110)。本人《ほんにん》が困《こま》っていたら、「こんなところがあるよ」と教《おし》えてあげることもサポートになるかもしれません。また、あなた自身《じしん》がカミングアウトを受《う》けたことでつらくなったり、わからないことがあったりする場合《ばあい》も、相談《そうだん》することができます。これらの場所《ばしょ》や窓口《まどぐち》は、秘密《ひみつ》を守《まも》ってくれますが、それでも個人情報《こじんじょうほう》を勝手《かって》に話《はな》すことのないよう、気《き》をつけて相談《そうだん》しましょう。また、図書館《としょかん》やインターネットなどでLGBTについて情報《じょうほう》を集《あつ》めることもできます。

⑤ やってはいけないアウティング

あなたが「ほかのだれにも話《はな》してほしくないな」と思《おも》っていることを、別《べつ》のだれかに勝手《かって》に話《はな》されたら、どう思《おも》いますか？ ここではそういったアウティングについて知《し》りましょう。

いままで言《い》えなかったけど、ボク、男《おとこ》の人《ひと》が好《す》きなんだ

悪《わる》い例《れい》 1

今日《きょう》Bさんから男《おとこ》が好《す》きってカミングアウトされた!! そういう人《ひと》ってやっぱりいるんだな

アウティング！

性《せい》のありかたに関《かん》することを、本人《ほんにん》が望《のぞ》まないかたちでほかの人《ひと》に伝《つた》えると、その人《ひと》を深《ふか》く傷《きず》つけてしまうかもしれません。軽《かる》い気持《きも》ちでほかの人《ひと》に言《い》う前《まえ》に、立《た》ち止《ど》まって考《かんが》えてみましょう。

カミングアウトを受《う》けたあとに気《き》をつけたいこと

本人《ほんにん》の性《せい》のありかたに関《かん》することについて、本人《ほんにん》の許可《きょか》なく勝手《かって》にほかの人《ひと》に伝《つた》えてしまうことをアウティングといいます。意地悪《いじわる》でアウティングしてしまうのはもちろんいけないことですが、悪気《わるぎ》がなくてもアウティングをしてしまう場合《ばあい》があるので、注意《ちゅうい》が必要《ひつよう》です。アウティングをされたことがきっかけで傷《きず》つき、学校《がっこう》に来《こ》られなくなったり、地域《ちいき》で生活《せいかつ》できなくなったりする人《ひと》もいます。

たいせつなことは、「本人《ほんにん》がどうしたいと考《かんが》えているか」「本人《ほんにん》がだれに知《し》っていてほしくて、だれには話《はな》したくないと思《おも》っているか」についてきちんと知《し》ること。自分《じぶん》で勝手《かって》に決《き》めつけることをせず、わからないことは本人《ほんにん》に聞《き》いて確認《かくにん》してみましょう。

Bさん

悪《わる》い例《れい》 3

男《おとこ》の人《ひと》が好《す》きなんだ？
そういえばとなりのクラスの
○○もそうみたいだよ！

えっ、そうなの？
でも、それって言《い》って
いいの……？

アウティング！

Bさんから同性《どうせい》が好《す》きだと聞《き》いたとき、別《べつ》の人《ひと》もそうだったと思《おも》い出《だ》し、つい話《はな》してしまうのもアウティングです。元気《げんき》づけるためだとしても、ほかの人《ひと》の性《せい》のありかたを本人《ほんにん》の許可《きょか》なく話《はな》さないように気《き》をつけましょう。

悪《わる》い例《れい》 2

さっきBさんの
お母《かあ》さんに会《あ》ったから、
そのことを話《はな》したよ！
もう言《い》ってあるよね？

親《おや》には
まだ言《い》ってないよ～！

アウティング！

家族《かぞく》や保護者《ほごしゃ》、先生《せんせい》など、近《ちか》い関係《かんけい》の人《ひと》だからこそ、自分《じぶん》の性《せい》のありかたを話《はな》しにくい場合《ばあい》があります。自分《じぶん》のことをだれにどこまで話《はな》すかは、本人《ほんにん》が決《き》めるべきこと。「大人《おとな》だから話《はな》してもいい」と決《き》めつけず、まずは本人《ほんにん》に「だれに話《はな》しているか／話《はな》していないか」を聞《き》いてみましょう。

良《よ》い例《れい》 OK!

困《こま》ったときはいつでも味方《みかた》になるよ、というメッセージを伝《つた》えることは、とてもたいせつです。本人《ほんにん》が自分《じぶん》の性《せい》のありかたのことで困《こま》っていたとしたら、本人《ほんにん》と相談《そうだん》しながら、だれに相談《そうだん》するのか、困《こま》りごとにどう対応《たいおう》するのかなどを、一緒《いっしょ》に考《かんが》えるのもいいと思《おも》います。

話《はな》してくれてありがとう
困《こま》ったときは
いつでも教《おし》えてね

うん。ありがとう！

だれかに相談《そうだん》するときも アウティングに注意《ちゅうい》！

カミングアウトを受《う》けたとき、とまどうこともあるかもしれません。だれかに相談《そうだん》したくなることもあると思《おも》います。そのときは、本人《ほんにん》の個《こ》人情報《じんじょうほう》を話《はな》さないように注意《ちゅうい》しながら、信頼《しんらい》できる大人《おとな》に相談《そうだん》してみるのもいいでしょう。でも、大人《おとな》のなかにもいろいろな性《せい》のありかたを知《し》らない人《ひと》もいて、思《おも》うようにいかないこともあるかもしれません。そんなときは、より専《せん》門的《もんてき》な知識《ちしき》をもっている相談窓口《そうだんまどぐち》やサポート団体《だんたい》（→P.110）に相談《そうだん》することができます。

⑥ ひとりひとりのカミングアウト

「カミングアウト」は、カミングアウトをした本人《ほんにん》にとって、人生《じんせい》の中《なか》でどんな出来事《できごと》だったのでしょうか。実際《じっさい》に経験《けいけん》した人《ひと》の話《はなし》を聞《き》いてみましょう。

カミングアウトの体験《たいけん》から見《み》えてくるもの

自分《じぶん》の本音《ほんね》をまわりの人《ひと》に打《う》ち明《あ》けられないと、毎日《まいにち》を安心《あんしん》して過《す》ごすことがむずかしいと感《かん》じる人《ひと》もいます。ですが、ひとりでも自《じ》分《ぶん》の本音《ほんね》をわかってくれる人《ひと》がいたら、心《こころ》が軽《かる》くなることもあります。ここでは、5人《にん》の人《ひと》が実際《じっさい》にカミングアウトしたときのお話《はなし》を紹《しょう》介《かい》します。カミングアウトは、ひとりひとりの人生《じんせい》の中《なか》で、いろいろなかたちをしています。一《ひと》つの「正解《せいかい》」があるわけではないのです。

中島《なかじま》潤《じゅん》さん
28歳《さい》・大学院生《だいがくいんせい》

「だれにも言《い》えない」と思《おも》っても電話相談《でんわそうだん》がある。あなたの知《し》っている大人《おとな》だけが大人《おとな》じゃない。

僕《ぼく》は女性《じょせい》のからだで生《う》まれたけれど、幼《おさな》いときから女性《じょせい》であることに違和感《いわかん》がありました。では男性《だんせい》になりたいか、というとそれもちがう。そんな気持《きも》ちをだれにも言《い》えず、つらく感《かん》じていました。高校《こう》のスクールカウンセラーに相談《そうだん》したら、「かんちがいじゃない？ あなたの年頃《としごろ》なら、自分《じぶん》がそう言《い》うことでまわりがどう心配《しんぱい》するか、想像《そうぞう》できるでしょ」と言《い》われてしまって、この人《ひと》には相談《そうだん》できないな、と……。

そのとき、学校《がっこう》で配《くば》られた電話相談《でんわそうだん》の案内《あんない》カードを思《おも》い出《だ》したんです。「どんな悩《なや》みでも相談《そうだん》していい」、「名前《なまえ》も言《い》わなくていいし、途中《とちゅう》で切《き》ってもかまわない」、「聞《き》いたことは絶対《ぜったい》もらさない」と書《か》いてありました。決心《けっしん》して電話《でんわ》をかけ、「生《う》まれてから一度《いちど》も自分《じぶん》を女《おんな》の子《こ》だと思《おも》ったことがありません。これって変《へん》ですか？」と聞《き》きました。

電話《でんわ》に出《で》た人《ひと》が、「変《へん》じゃないよ」と即答《そくとう》してくれたことをよくおぼえています。そして「いままでひとりで悩《なや》んできたんだね」って。そのとき、「生《い》きていて大丈夫《だいじょうぶ》だよ」と言《い》われた気《き》がしました。

家族《かぞく》や友《とも》だち、身近《みぢか》な大人《おとな》に言《い》えなかったら、電話《でんわ》相談《そうだん》という手段《しゅだん》もあることを思《おも》い出《だ》してください。

落合《おちあい》瑞季《みずき》さん
20歳《さい》・大学生《だいがくせい》

カミングアウトをする前《まえ》からわかっていてくれた

幼《おさな》いころから女《おんな》の子《こ》として生《う》まれたことに違和感《いわかん》がありました。戸籍《こせき》の性別《せいべつ》を男性《だんせい》に変更《へんこう》したいと思《おも》っていたこともあって、母《はは》にカミングアウトをしました。でも、母《はは》はもうすでにうすうすわかっていたようで、「（戸籍《こせき》を変更《へんこう》するための）方法《ほうほう》を調《しら》べてみるけど、自分《じぶん》でも調《しら》べてごらん」と言《い》ってくれました。

そういえば、仲《なか》の良《よ》い友《とも》だちにカミングアウトをしたときも、おどろかずに自然《しぜん》と受《う》け入《い》れてくれました。

自分《じぶん》はすごくまわりの人《ひと》に恵《めぐ》まれていましたが、こういう場合《ばあい》はめずらしいのかもしれません。もしカミングアウトを受《う》けた相手《あいて》がおどろいてしまった場合《ばあい》は、時間《じかん》をかけて何度《なんど》も話《はな》すことで少《すこ》しずつ伝《つた》えていく方法《ほうほう》もあるのではないかと思《おも》います。聞《き》くほうにも考《かんが》える時間《じかん》が必要《ひつよう》な場合《ばあい》もあると思《おも》いますので。

上田《うえだ》野《の》乃《の》花《か》さん
21歳《さい》・大学生《だいがくせい》

「ののかはののかなんだから、いいんじゃない？」そう言《い》ってくれた友人《ゆうじん》たち

「男性《だんせい》も女性《じょせい》も好《す》きになることがあって、いま好《す》きなのは女《おんな》の人《ひと》なんだよね」。そうふたりの友《とも》だちにカミングアウトしたのは高校生《こうこうせい》のとき。一瞬《いっしゅん》ふたりともだまってしまったんですが、ひとりがまず「ののかはののかなんだから、いいんじゃない?」と言《い》ってくれて、もうひとりも「そうだよね」と受《う》け入《い》れてくれました。

両親《りょうしん》へのカミングアウトについては、母《はは》はわかってくれたけど、父《ちち》は「家庭《かてい》を築《きず》く気《き》はないのか?」と言《い》い、その後《ご》、父《ちち》とは話《はな》せていません。考《かんが》えかたはいろいろあるからしかたないと思《おも》いながらも、やはり否定《ひてい》された感《かん》じがあって寂《さび》しい気持《きも》ちがあります。いまだに恋愛《れんあい》などの話《はなし》は、母《はは》としかできませんが、いつか父《ちち》ともう一度《いちど》向《む》き合《あ》って「お父《とう》さんにも考《かんが》えがあると思《おも》う。でも、人《ひと》の数《かず》だけ考《かんが》えや生《い》きかたがいろいろあって、これが私《わたし》の生《い》きかたなんだよ」と話《はな》せたらいいなと思《おも》っています。

将来《しょうらい》は小学校《しょうがっこう》の先生《せんせい》になりたいです。「自分《じぶん》らしさは人《ひと》それぞれだから他人《たにん》と比《くら》べる必要《ひつよう》はないんだよ」ということを子《こ》どもたちに言《い》ってあげたいと思《おも》っています。

古《ふる》堂《どう》達《たつ》也《や》さん
25歳《さい》・専門学校生《せんもんがっこうせい》

自分《じぶん》の話《はなし》をしっかりと聞《き》いてくれた保健《ほけん》の先生《せんせい》

中学生《ちゅうがくせい》のころ、同性《どうせい》を好《す》きになったときは、変《へん》なことだとは思《おも》っていませんでした。でも、高校《こうこう》1年生《ねんせい》のころには、自分《じぶん》がゲイであることで「幸《しあわ》せになれるのかな」と将来《しょうらい》に不安《ふあん》を抱《かか》えるようになりました。

そして高校《こうこう》3年生《ねんせい》の夏《なつ》、LGBTを特集《とくしゅう》したテレビ番組《ばんぐみ》を観《み》たり、LGBTの人《ひと》が書《か》いた本《ほん》を読《よ》んだりしたことがきっかけで、「苦《くる》しいのは自《じ》分《ぶん》だけじゃなかったんだ」とわかりました。

自分《じぶん》も大人《おとな》に相談《そうだん》してみようと思《おも》い、保《ほ》健室《けんしつ》を訪《たず》ねました。当時《とうじ》の保健室《ほけんしつ》の先生《せんせい》は、LGBTについてなにも知《し》らない状況《じょうきょう》だったのですが、わからないなりに真剣《しんけん》に話《はなし》を聞《き》いてくれ、理解《りかい》しようとしてくれました。先生《せんせい》自身《じしん》も調《しら》べて勉強《べんきょう》してくれたり、保健室《ほけんしつ》にLGBT関連《かんれん》の本《ほん》を置《お》いてくれたりしたのがうれしかったですね。身近《みぢか》な大人《おとな》がひとりでも自分《じぶん》のことを知《し》っているというだけで、居《い》場所《ばしょ》が一《ひと》つ増《ふ》えたように思《おも》えました。

自分《じぶん》もいろんな人《ひと》のいろいろな生《い》きづらさによりそえるよう、いまは社会福祉士《しゃかいふくしし》をめざして勉強中《べんきょうちゅう》です。

自分《じぶん》のペースで。カミングアウトは始《はじ》まりにすぎない。

小学生《しょうがくせい》のころ、同性《どうせい》にひかれている自分《じぶん》に気《き》づきました。中学《ちゅうがく》・高校《こうこう》ではゲイであることを自《みずか》ら笑《わら》いのネタにしていて、ときどきチクチクと心《こころ》が痛《いた》むこともありました。高校《こうこう》を卒業《そつぎょう》して地元《じもと》を離《はな》れるときに友人《ゆうじん》にカミングアウトしましたが、家族《かぞく》には言《い》えないままでした。

家族《かぞく》にカミングアウトしたきっかけは母《はは》の「彼氏《かれし》できた？」という言葉《ことば》。「言《い》ってもいいのかな」と思《おも》い、その会話《かいわ》のあとカミングアウトをしました。「宗嗣《そうし》が病気《びょうき》になったときにだれかが隣《となり》にいてくれることが大事《だいじ》で、それが男《おとこ》でも女《おんな》でもなんでもいい」という母《はは》の言葉《ことば》が、いまの自分《じぶん》の自信《じしん》につながっていると思《おも》います。

父《ちち》が受《う》け入《い》れてくれるまでは、少《すこ》し時間《じかん》がかかりました。先日《せんじつ》「なんで受《う》け入《い》れられたの？」と聞《き》いてみたら、母《はは》が楽《たの》しそうに息子《むすこ》のセクシュアリティについて話《はな》すから、「たいしたことじゃないのかもしれない」と思《おも》えたそうです。

カミングアウトする、しないを選択《せんたく》できる世《よ》の中《なか》であってほしいなと思《おも》います。もしカミングアウトをして、すぐに受《う》け入《い》れてもらえなかったとしても、あきらめる必要《ひつよう》はありません。カミングアウトをして終《お》わりではなく、そこからがスタートなんだと思《おも》います。

松《まつ》岡《おか》宗《そう》嗣《し》さん
23歳《さい》・大学生《だいがくせい》

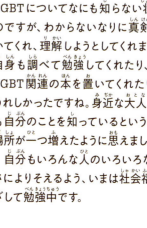

おたがいのより良《よ》い関係《かんけい》のためのカミングアウトでありますように。

たけるさん

25歳《さい》・会社員《かいしゃいん》

わたしのライフヒストリー 4

ずっと言《い》えなかったことを、思《おも》いきって打《う》ち明《あ》けたたけるさん。びっくりしながらも、それを受《う》けとめたぬまこさん。そのおかげでおふたりは、さらに信頼《しんらい》し合《あ》える友《とも》だちどうしになりました。

ぬまこさん

24歳《さい》・会社員《かいしゃいん》

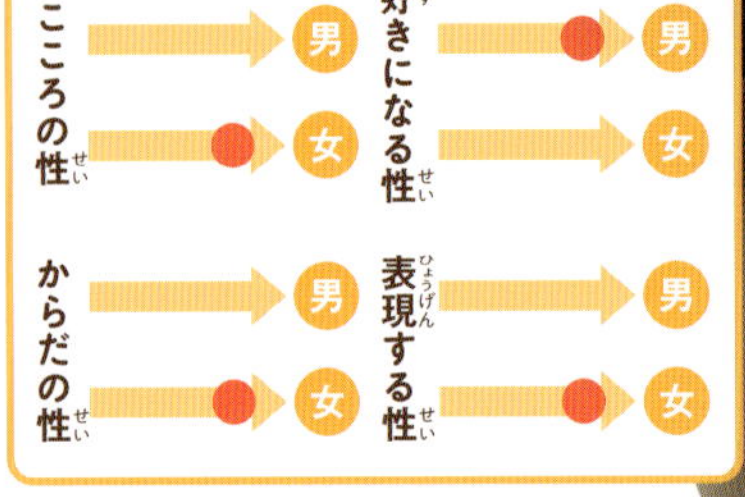
こころの性《せい》
男
女
好《す》きになる性《せい》
男
女
からだの性《せい》
男
女
表現《ひょうげん》する性《せい》
男
女

ぬまこさんはこころもからだも女性《じょせい》で、好《す》きになるのは男性《だんせい》。結婚相手《けっこんあいて》の男性《だんせい》は、ぬまこさんとたけるさんの仲《なか》の良《よ》さを理解《りかい》してくれています。

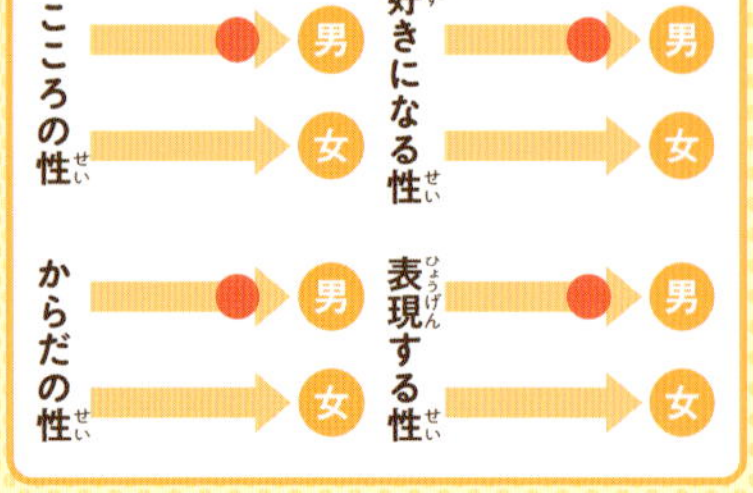
こころの性《せい》
男
女
好《す》きになる性《せい》
男
女
からだの性《せい》
男
女
表現《ひょうげん》する性《せい》
男
女

たけるさんはゲイ。好《す》きになる人《ひと》は男性《だんせい》で、現在《げんざい》は男性《だんせい》のパートナーがいます。ぬまこさんとは、いまは友《とも》だちとして仲良《なかよ》くしています。

最初《さい》に打《う》ち明《あ》けたのは電《でん》話《わ》
いちばん苦《くる》しかった時《じ》期《き》

——おふたりはお友《とも》だちどうしですか？

たける　はい。もともとは高《こう》校《こう》の同《どう》級《きゅう》生《せい》でした。ふたりとも吹《すい》奏《そう》楽《がく》部《ぶ》で、僕《ぼく》はトロンボーン担《たん》当《とう》。

ぬまこ　私《わたし》はパーカッションでした。

たける　僕《ぼく》たち、高《こう》校《こう》時《じ》代《だい》におつき合《あ》いしたことがあるんです。そのことで彼《かの》女《じょ》をつらい目《め》にあわせてしまって……。

——くわしく聞《き》かせてください。

たける　吹《すい》奏《そう》楽《がく》部《ぶ》の中《なか》で仲《なか》良《よ》くなって、彼《かの》女《じょ》のほうから告《こく》白《はく》してくれました。波《は》長《ちょう》が合《あ》うし、人《ひと》としてとても好《す》きだったのでつき合《あ》うことにして、手《て》をつないで帰《かえ》ったりしていました。でも、だんだんわからなくなって……。中《ちゅう》学《がく》生《せい》のころ、体《たい》操《そう》が上《じょう》手《ず》な男《だん》子《し》を見《み》て胸《むね》がキュン！　となったりしていたんですが、そういう「キュン！」とはちがうなと……。

ぬまこ　それで、「受《じゅ》験《けん》勉《べん》強《きょう》が忙《いそが》しくなるから別《わか》れよう」と言《い》われました。でもそのとき、「別《わか》れるほんとうの理《り》由《ゆう》はどうしても言《い》えない。言《い》ったら傷《きず》つけてしまうから」とも言《い》われていて、ずっと引《ひ》っかかっていました。

——たけるさんはおつき合《あ》いを始《はじ》めたころ、自《じ》分《ぶん》が好《す》きになるのは男《だん》性《せい》なんだ、ということを自《じ》覚《かく》していなかったということですか？

たける　そうなんです。彼《かの》女《じょ》とつき合《あ》ってから、男《だん》性《せい》が恋《れん》愛《あい》対《たい》象《しょう》だということに気《き》づかされました。

ぬまこ　高《こう》校《こう》卒《そつ》業《ぎょう》後《ご》、ふたりとも希《き》望《ぼう》の大《だい》学《がく》に合《ごう》格《かく》しなかったので、私《わたし》は東《とう》京《きょう》、彼《かれ》は長《なが》野《の》で予《よ》備《び》校《こう》に通《かよ》うようになりました。でも、私《わたし》はずっとモヤモヤしたままだったし、メールで連《れん》絡《らく》は取《と》り続《つづ》けていました。そんなあるとき、電《でん》話《わ》をする機《き》会《かい》があったんですね。私《わたし》たちは音《おん》楽《がく》の趣《しゅ》味《み》が似《に》ていて、とくに歌《か》手《しゅ》のａｉｋｏさんが大《だい》好《す》きなんですが、ａｉｋｏさんのコンサートが長《なが》野《の》であるから、一《いっ》緒《しょ》に行《い》かないか？　って誘《さそ》おうと。

——それがたいせつな電《でん》話《わ》になったんですね。

たける　僕《ぼく》は浪《ろう》人《にん》中《ちゅう》、将《しょう》来《らい》のことをすごく考《かんが》えてしまっていたんです。小《ちい》さいころから父《ちち》も母《はは》もいなくて、おばあちゃんと妹《いもうと》と3人《にん》暮《ぐ》らしでした。育《そだ》ててくれたおばあちゃんに、ひ孫《まご》の顔《かお》を見《み》せてあげて恩《おん》返《がえ》しをしたいと思《おも》っていたのに、ゲイの自《じ》分《ぶん》にはそれができないと思《おも》いました。これからどうなってしまうのか、もう生《い》きていてもしょうがないんじゃないか、そう悩《なや》んでいるときに連《れん》絡《らく》が来《き》て、「ちゃんと言《い》わないといけないかな」と思《おも》ったんです。

ぬまこ　「僕《ぼく》が別《わか》れたほんとうの理《り》由《ゆう》を言《い》えなかったのはどうしてだと思《おも》う？」って、まるでクイズみたいに聞《き》くんです(笑)。いろいろ話《はな》していくうちに「もしかして、男《おとこ》の子《こ》が好《す》きってこと？」って。そしたらたけるさんは「うん」と。

たける　そのあとの彼《かの》女《じょ》の第《だい》一《いっ》声《せい》はいまでもはっきりおぼえています。「言《い》ってくれてありがとう。近《ちか》づけた気《き》がするよ」と。それを聞《き》いて浪《ろう》人《にん》中《ちゅう》のモヤモヤが、ダムが決《けっ》壊《かい》したみたいにダーッと流《なが》れてなくなっていきました。

——よくそんなすてきな返《へん》答《とう》ができましたね。

ぬまこ　私《わたし》は背《せ》が低《ひく》かったので、小《しょう》学《がく》生《せい》のときにからかわれてショックを受《う》けた経《けい》験《けん》がありました。それから、相《あい》手《て》を傷《きず》つける発《はつ》言《げん》や差《さ》別《べっ》的《てき》な発《はつ》言《げん》はしてはいけない、という思《おも》いの積《つ》み重《かさ》ねが自《じ》分《ぶん》の中《なか》にあったんだと思《おも》います。その結《けっ》果《か》、「それもいいんじゃない？」と自《し》然《ぜん》に言《い》えたのかな？　と思《おも》います。

——たけるさんは、おばあちゃんにもカミングアウトされたんですか？

たける　そうです。おばあちゃんに話《はな》したのは21歳《さい》のとき。おばあちゃんは自《じ》分《ぶん》がおじいちゃんと幸《しあわ》せな結《けっ》婚《こん》をしたから、「あなたも結《けっ》婚《こん》して幸《しあわ》せな家《か》庭《てい》をつくりなさい」とずっと言《い》っていて。それに対《たい》して「自《じ》分《ぶん》はちがうんだ」と言《い》わなければいけないのは気《き》が重《おも》かったです。ところがおばあちゃんの反《はん》応《のう》が、予《よ》想《そう》とちがったんです。

——どうちがったんですか？

たける　おばあちゃんは、僕《ぼく》が結《けっ》婚《こん》したら幸《しあわ》せになれると思《おも》っていただけで、結《けっ》婚《こん》しないのなら、ちがうやりかたで幸《しあわ》せになってくれればそれでいい、と言《い》ってくれたんです。たいせつなのは幸《しあわ》せになることだ、と。いま、僕《ぼく》には男《だん》性《せい》のパートナーがいるんですが、おばあちゃんと一《いっ》緒《しょ》に仲《なか》良《よ》く食《しょく》事《じ》したりしています。

カミングアウトをする側《がわ》も、受《う》ける側《がわ》も、おたがいの気持《きも》ちをたいせつに

――ぬまこさんはカミングアウトを聞《き》いてどんな気持《きも》ちでしたか？

ぬまこ　とてもおどろきました。そのときは東《とう》京《きょう》で寮《りょう》に住《す》んでいたんですが、電《でん》話《わ》のあと、一《いっ》気《き》にワーッと泣《な》いてしまって、隣《となり》の子《こ》の部《へ》屋《や》にかけこんでしまいました。「そうか、だから私《わたし》はふられたんだ」という失《しつ》恋《れん》のショックもあったし、とにかく混《こん》乱《らん》してしまって……。

たける　いま思《おも》えば、僕《ぼく》は自《じ》分《ぶん》が打《う》ち明《あ》けることにせいいっぱいで、カミングアウトを受《う》けるぬまこさんの気《き》持《も》ちを考《かんが》えられていませんでした……。それでも、つらい自《じ》分《ぶん》の気《き》持《も》ちを話《はな》せる相《あい》手《て》はぬまこさんしかいなかったんです。

――そのショックのあと、どのようにしていまの関《かん》係《けい》になれたのでしょう？

ぬまこ　やがて、自《じ》分《ぶん》がこれだけ信《しん》頼《らい》してきた人《ひと》なんだから「この人《ひと》のほんとうを知《し》りたい」と思《おも》うようになったんです。自《じ》分《ぶん》はゲイの人《ひと》についてはネットに出《で》てくる情《じょう》報《ほう》くらいしか知《し》らないので、実《じっ》際《さい》にLGBTの人《ひと》に会《あ》ってみたいという思《おも》いから、パレードとか、自《じ》由《ゆう》に参《さん》加《か》できるイベントに行《い》ってみたりするようになり、そこからふたりでLGBTのことも含《ふく》めてまたいろいろ話《はな》せるようになりました。

――ぬまこさんの周《しゅう》囲《い》の人《ひと》たちの目《め》に、おふたりの関《かん》係《けい》はどう見《み》えていたんでしょう？

ぬまこ　一《いっ》緒《しょ》に食《しょく》事《じ》したり、カラオケに行《い》ったり、悩《なや》みを打《う》ち明《あ》け合《あ》ったりしているので、正《しょう》直《じき》、つき合《あ》っていた男《だん》性《せい》から「あの男《おとこ》は何《なに》者《もの》なんだ？」と思《おも》われていたフシはあります（笑）。母《はは》は、ゲイの男《だん》性《せい》と、異《い》性《せい》愛《あい》者《しゃ》の私《わたし》が友《とも》だちでいることがよく理《り》解《かい》できず、少《すこ》し心《しん》配《ぱい》だったようですが、時《じ》間《かん》をかけてくり返《かえ》し説《せつ》明《めい》しました。「大《だい》丈《じょう》夫《ぶ》だから」って。私《わたし》、じつは今《こん》度《ど》結《けっ》婚《こん》するんです。その彼《かれ》はたけるさんのことをちゃんと理《り》解《かい》してくれています。

――おめでとうございます！　ぬまこさんの結《けっ》婚《こん》を知《し》ったとき、たけるさんはどう思《おも》いましたか？

たける　心《こころ》の底《そこ》から「おめでとう」と思《おも》いました。ほんとうにうれしいです。彼《かの》女《じょ》は僕《ぼく》の恩《おん》人《じん》ですから。

――カミングアウトのときにたいせつなことはなんでしょう？

たける　自《じ》分《ぶん》のことも、伝《つた》える相《あい》手《て》のことも、どちらもしっかり考《かんが》えることだと思《おも》います。相《あい》手《て》がモヤモヤしているからとりあえず打《う》ち明《あ》けなきゃ、と思《おも》うなら、「ほんとうに話《はな》してしまっていいのか」、もう一《いち》度《ど》自《じ》分《ぶん》に問《と》い直《なお》してほしい。逆《ぎゃく》に、これ以《い》上《じょう》だまっていると自《じ》分《ぶん》が苦《くる》しいから言《い》ってしまいたいのであれば、「言《い》われる相《あい》手《て》はどう思《おも》うだろう？」と想《そう》像《ぞう》してみてほしいですね。

ぬまこ　聞《き》く側《がわ》としては、まずはしっかり最《さい》後《ご》まで聞《き》くことがたいせつだと思《おも》います。「ちゃんと聞《き》いてるよ」という姿《し》勢《せい》が伝《つた》われば、落《お》ち着《つ》いて話《はな》せると思《おも》います。

身《み》近《ぢか》な人《ひと》に話《はな》せないとしても、専《せん》門《もん》の電《でん》話《わ》相《そう》談《だん》窓《まど》口《ぐち》があるよ！（P・110）

世《せ》界《かい》を広《ひろ》げるためにも、LGBTの勉《べん》強《きょう》をしてみよう。

第5章

世《よ》の中《なか》はどんどん変《か》わっている！

ボクたちの未来《みらい》

ボクのカミングアウトは
すごく悩《なや》んでいたのに
口《くち》に出《だ》すとあっさり
したものだった
意外なほどに…
いままで言《い》えなかったんだけど
ボク、男子《だんし》を好《す》きになるんだ
あ そう
だったんだ
あっさり。
い…
いきなりこんなこと言《い》ってごめん…
ボクのこと
イヤだと思《おも》った…?
え なんで?
タクトはタクトじゃん
そんなに悩《なや》んでたのか…
困《こま》ってることあったら言《い》えよ
相談《そうだん》に乗《の》るくらいならできるから
別にイヤとかないよ
…
リョウが友《とも》だちでよかった…

後日《ごじつ》——
TOKYO RAINBOW PRIDE
こんなイベントあったんだ
うん
いとこのお姉《ねえ》さんにカミングアウトしたときにこんなのあるよって教《おし》えてくれたんだ
お姉《ねえ》さんの会社《かいしゃ》も参加《さんか》してるんだって
へぇー どこ?
んーと そこ!
XO口.co
えっ その会社《かいしゃ》知《し》ってる!
こういう会社《かいしゃ》も参加《さんか》してるイベントなのか~
お姉さーん

ショースケジュール
00:00
00:00
00:00
タクト！いらっしゃい！
いろんな人《ひと》がいるね
そりゃそうよ
ところでそっちの子《こ》は？
リョウはクラスの友《とも》だち
チワー
よろしくー
大事《だいじ》な友《とも》だちなんだ…
ボクがずっと言《い》えなかったこと…聞《き》いてくれて……

話《はなし》聞《き》くぐらい だれでもするだろ?
タクトは いつも 大《おお》げさだなあ
でも うれしかったんだ
くすっ
学校《がっこう》でのタクトを 心配《しんぱい》してたけど リョウくん みたいな子《こ》が いてくれて わたしも うれしい…!
あははっ
ええ!?
キミみたいな 相談《そうだん》できる人《ひと》が いるってすごく 心強《こころづよ》いのよ
いろんな人《ひと》たち をのせて
社会《しゃかい》は常《つね》に 変《か》わっていく
ボクらが大人《おとな》に なるころには…
どんな社会《しゃかい》に なっているんだろう?

① LGBTをめぐる世界《せかい》のいま

いま世界《せかい》では、LGBTの人《ひと》たちの権利《けんり》と自由《じゆう》を守《まも》るために、そして、だれもが暮《く》らしやすい世《よ》の中《なか》をつくるために、国連《こくれん》をはじめ、多《おお》くの国《くに》と地域《ちいき》、企業《きぎょう》、団体《だんたい》、そして個人《こじん》がさまざまなことに取《と》り組《く》んでいます。

プライドパレードにこめられた思《おも》い

色《いろ》とりどりのファッション。晴《は》れ晴《ば》れとした表情《ひょうじょう》。誇《ほこ》らしげにかかげられるレインボーの旗《はた》。「みんなひとりじゃないよ」「自分《じぶん》らしく生《い》きよう」「好《す》きな人《ひと》と結婚《けっこん》したい」など、思《おも》い思《おも》いに書《か》かれたプラカード。多《おお》くの人《ひと》がそれぞれの気持《きも》ちを胸《むね》に、歩《ある》き、声《こえ》を上《あ》げています。LGBTの人《ひと》たちの権利《けんり》が守《まも》られるよう訴《うった》え、自由《じゆう》と差別《さべつ》のない社会《しゃかい》を求《もと》めるために開《ひら》かれる、このようなイベントやパレードは、プライドパレード（ほかにも「ゲイパレード」「レインボーパレード」「レインボーフェスティバル」などの呼《よ》び名《な》があります）と呼《よ》ばれ、日本《にほん》のあちこちで、そして世界中《せかいじゅう》で行《おこな》われています。この本《ほん》を読《よ》んでいるあなたも、実際《じっさい》にパレードを見《み》たり、テレビやインターネットなどのニュースで見《み》たりしたことがあるかもしれませんね。プライドパレードは、LGBTの人《ひと》たちの現状《げんじょう》や、性《せい》のありかたにかかわらずすべての人《ひと》に平等《びょうどう》な権利《けんり》が与《あた》えられることのたいせつさをわかりやすく社会《しゃかい》に伝《つた》える手段《しゅだん》として、とても大《おお》きな役割《やくわり》を果《は》たしているのです。

このページの写真《しゃしん》で紹介《しょうかい》しているプライドパレードは、オランダの首都《しゅと》・アムステルダムで毎年《まいとし》8月《がつ》に開《ひら》かれています。カラフルに

オランダのアムステルダムのプライドパレードは、毎年《まいとし》50万人《まんにん》以上《いじょう》が集《あつ》まる、世界《せかい》でも参加者《さんかしゃ》の多《おお》いプライドパレードのひとつです。

写真：ロイター／アフロ

彩《いろど》られたボートが市内《しない》の運河《うんが》を進《すす》むのを、何万人《なんまんにん》もの人《ひと》びとが見守《みまも》る、世界最大級《せかいさいだいきゅう》のプライドパレードのひとつです。あらゆる性《せい》のありかたの人《ひと》たちがおたがいの多様性《たようせい》を認《みと》め合《あ》い、お祝《いわ》いするイベントとなっています。

世界中《せかいじゅう》で認《みと》められつつあるLGBTの人《ひと》たちの権利《けんり》と自由《じゆう》

2011年《ねん》6月《がつ》、国際連合《こくさいれんごう》の人権理事会《じんけんりじかい》は、LGBTの人《ひと》たちへの暴力《ぼうりょく》や差別《さべつ》に対《たい》して、重大《じゅうだい》な懸念《けねん》（強《つよ》い不安《ふあん》や心配《しんぱい》があること）を示《しめ》しました。そして、どのような性《せい》のありかたの人《ひと》でも、生《い》きる権利《けんり》や身《み》の安全《あんぜん》、プライバシー、表現《ひょうげん》する自由《じゆう》などは保護《ほご》されるべきだと、世界中《せかいじゅう》の国《くに》に呼《よ》びかけたのです。

この表明《ひょうめい》が世界《せかい》を動《うご》かしました。現在《げんざい》、多《おお》くの国《くに》が、LGBTの人《ひと》たちの人権《じんけん》を保護《ほご》する取《と》り組《く》みを強《つよ》く進《すす》めるようになっています。LGBTの人《ひと》たちへの差別《さべつ》を禁止《きんし》したり、同性婚《どうせいこん》を法律的《ほうりつてき》に認《みと》めたり、LGBTの人《ひと》たちに表現《ひょうげん》の自由《じゆう》や平和的《へいわてき》な集会《しゅうかい》の自由《じゆう》を保障《ほしょう》したり、トランスジェンダーの人《ひと》たちが、自《じ》分《ぶん》が望《のぞ》む性《せい》で生《い》きるための手続《てつづ》き（法律上《ほうりつじょう》の性《せい》別《べつ》を変更《へんこう》するなど）をできるようにしたりするなどの動《うご》きがさかんになってきています。

同性婚《どうせいこん》も多《おお》くの国《くに》で認《みと》められてきている

前《まえ》のページで、オランダのプライドパレードを取《と》り上《あ》げましたが、このオランダは2001年《ねん》に、世界《せかい》ではじめて同性《どうせい》のカップルの結婚《けっこん》を法律的《ほうりつてき》に認《みと》めた国《くに》になりました。ついで、ベルギー、スペイン、カナダ、ノルウェー、スウェーデンなどの欧米諸国《おうべいしょこく》が同性婚《どうせいこん》を認《みと》めるようになり、南米《なんべい》でもブラジルやアルゼンチンで、アフリカでは南《みなみ》アフリカ共和国《きょうわこく》で同性婚《どうせいこん》が認《みと》められています。ちなみにアメリカは、同性婚《どうせいこん》を認《みと》めない州《しゅう》がありましたが、2015年《ねん》にすべての州《しゅう》で同性婚《どうせいこん》が法律的《ほうりつてき》に認《みと》められました。また、同性婚《どうせいこん》が認《みと》められていない国《くに》でも、パートナーシップなど、結婚《けっこん》と同等《どうとう》、あるいはそれに近《ちか》い制度《せいど》が整《ととの》いつつある国《くに》が多《おお》くあります。そして、同性《どうせい》カップルが養子《ようし》をむかえるなど、子《こ》どもを育《そだ》てるケースも増《ふ》えています。

アジアに目《め》を向《む》けると、2017年《ねん》、台湾《たいわん》の司法最高機関《しほうさいこうきかん》が、同性婚《どうせいこん》を認《みと》めていない現在《げんざい》の法律《ほうりつ》は憲法《けんぽう》に反《はん》するという判決《はんけつ》を下《くだ》しました。また、同性婚《どうせいこん》についてさかんに議論《ぎろん》されている国《くに》も増《ふ》えてきており、アジアの国《くに》も同性婚《どうせいこん》についての考《かんが》えかたがどんどん変《か》わってきています。

写真：ロイター/アフロ

写真：AP/アフロ

同性愛《どうせいあい》を禁《きん》じる法律《ほうりつ》がある国《くに》も！

同性愛《どうせいあい》を犯罪《はんざい》だとみなす国《くに》もあります。アフリカや中東諸国《ちゅうとうしょこく》をはじめさまざまな地域《ちいき》に見《み》られますが、逮捕《たいほ》して処罰《しょばつ》する国《くに》もあれば、禁止《きんし》する法律《ほうりつ》はあっても実際《じっさい》には処罰《しょばつ》しない国《くに》もあります。ロシアでは2013年《ねん》に、18歳未満《さいみまん》の人《ひと》に対《たい》して同性愛《どうせいあい》を知《し》らしめる行為《こうい》を禁止《きんし》する法律《ほうりつ》が制定《せいてい》されました。この法律《ほうりつ》によって、18歳未満《さいみまん》の人《ひと》がいる公《おおやけ》の場《ば》で同性愛《どうせいあい》を肯定《こうてい》するような言動《げんどう》ができなくなっています。

2015年《ねん》、アメリカの連邦最高裁判所《れんぽうさいこうさいばんしょ》が同性婚《どうせいこん》を認《みと》めないのは違憲《いけん》だという判決《はんけつ》を下《くだ》しました。これを祝福《しゅくふく》するために、ホワイトハウスがLGBTを象徴《しょうちょう》するレインボーカラーにライトアップされました。

写真：AP/アフロ

法律上《ほうりつじょう》の性別《せいべつ》を変《か》えられる世界《せかい》の動《うご》き

からだの性《せい》に違和感《いわかん》をもち、法律上《ほうりつじょう》の性別《せいべつ》を自分《じぶん》が望《のぞ》む性別《せいべつ》に変《か》えることを認《みと》めてほしいと思《おも》っている人《ひと》たちの権利《けんり》を守《まも》る動《うご》きは、世界中《せかいじゅう》でさかんになってきています。世界《せかい》ではじめて性別変更《せいべつへんこう》を法律的《ほうりつてき》に認《みと》めた国《くに》はスウェーデンでした。1972年《ねん》に定《さだ》められたこの法律《ほうりつ》は、ほかの国《くに》に影響《えいきょう》を与《あた》え、カナダやドイツ、イタリアなどの国《くに》でも法律上《ほうりつじょう》の性別《せいべつ》を変《か》えることができるようになりました。

性別変更《せいべつへんこう》を法律的《ほうりつてき》に認《みと》める国《くに》の多《おお》くは、からだの性《せい》を望《のぞ》む性《せい》に近《ちか》づける手術《しゅじゅつ》をして、医師《いし》や裁判官《さいばんかん》の承認《しょうにん》を得《え》るのが条件《じょうけん》でした。しかし、手術《しゅじゅつ》をしなくても性別《せいべつ》を変更《へんこう》することができるように法律《ほうりつ》を変《か》える国《くに》も増《ふ》えてきています。アルゼンチンでは2012年《ねん》に新《あたら》しい法律《ほうりつ》ができ、18歳以上《さいいじょう》の人《ひと》であれば、手術《しゅじゅつ》をしなくても、また、医師《いし》や裁判官《さいばんかん》から承認《しょうにん》を得《え》なくても、本人《ほんにん》が望《のぞ》む性別《せいべつ》で生《い》きたいと申請《しんせい》すれば法律上《ほうりつじょう》の性別《せいべつ》を変《か》えられるようになりました。その後《ご》、コロンビアやデンマーク、アイルランド、そしてマルタ共和国《きょうわこく》などがアルゼンチンに続《つづ》いています。性別《せいべつ》を変《か》えたいと望《のぞ》む人《ひと》たちが生《い》きやすくなるように、世界《せかい》はだんだん変《か》わりつつあるのです。

写真：ロイター／アフロ

ボスニア・ヘルツェゴビナ出身《しゅっしん》のスーパーモデルのアンドレア・ペジックさん。男性《だんせい》のからだで生《う》まれ、男性《だんせい》モデルとして活躍《かつやく》していましたが、女性《じょせい》として生《い》きる道《みち》を選《えら》び、名前《なまえ》も男性名《だんせいめい》の「アンドレイ」から「アンドレア」に変《か》えました。世界的《せかいてき》に有名《ゆうめい》なファッション誌《し》「ヴォーグ」に、この雑誌初《ざっしはつ》のトランスジェンダーのモデルとして掲載《けいさい》されるなど、活躍《かつやく》の場《ば》を広《ひろ》げています。

男女《だんじょ》のどちらでもない 性別《せいべつ》が書《か》かれたパスポートがある！

オーストラリアでは、2011年《ねん》から、パスポートの性別欄《せいべつらん》に、「Male（男性《だんせい》）」「Female（女性《じょせい》）」のほかに、「X《エックス》」の表記《ひょうき》が認《みと》められるようになりました。つまり、男《おとこ》か女《おんな》かという二《ふた》つの選択肢《せんたくし》には自分《じぶん》はあてはまらないと感《かん》じる人《ひと》が、この表記《ひょうき》を選《えら》ぶことができるのです。かつて、パスポートに表記《ひょうき》された性別《せいべつ》と外見《がいけん》がちがうことで、空港《くうこう》で本人《ほんにん》かどうか怪《あや》しまれたり、足止《あしど》めさせられたりするなどのトラブルを経験《けいけん》した人《ひと》がいたため、それを解消《かいしょう》するために考《かんが》えられました。オーストラリア以外《いがい》に、ニュージーランドやネパール、カナダなどでも使《つか》われています。

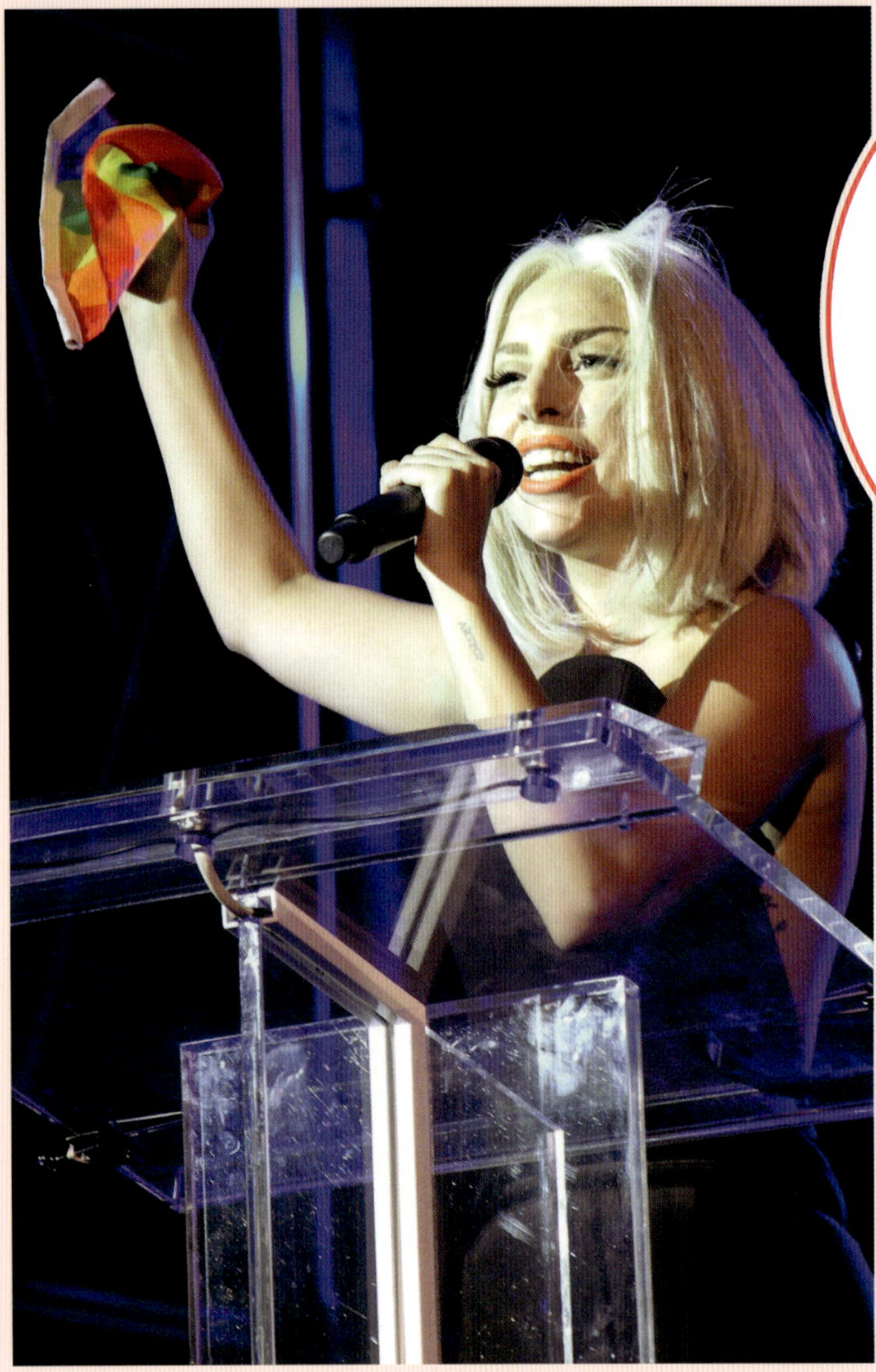

写真：Splash／アフロ

幼《おさな》いころから、私《わたし》は周囲《しゅうい》に異端者《いたんしゃ》（社会《しゃかい》の正統《せいとう》からはずれた人《ひと》）として見《み》られていた。どこにも自分《じぶん》の居場所《いばしょ》を見《み》つけられなかった。でも、そんな私《わたし》を受《う》け入《い》れてくれた人《ひと》たちがいた。仲間《なかま》に加《くわ》えてくれ、ひとりでは立《た》ち上《あ》がれないときには支《ささ》えてくれ、私《わたし》のありのままを認《みと》め、愛《あい》してくれた人《ひと》たち。それがあなたたちだった

（レディー・ガガ／ 2013年《ねん》、ニューヨークで行《おこな》われたLGBTのイベント「NYC PRIDE RALLY」の前夜祭《ぜんやさい》で）

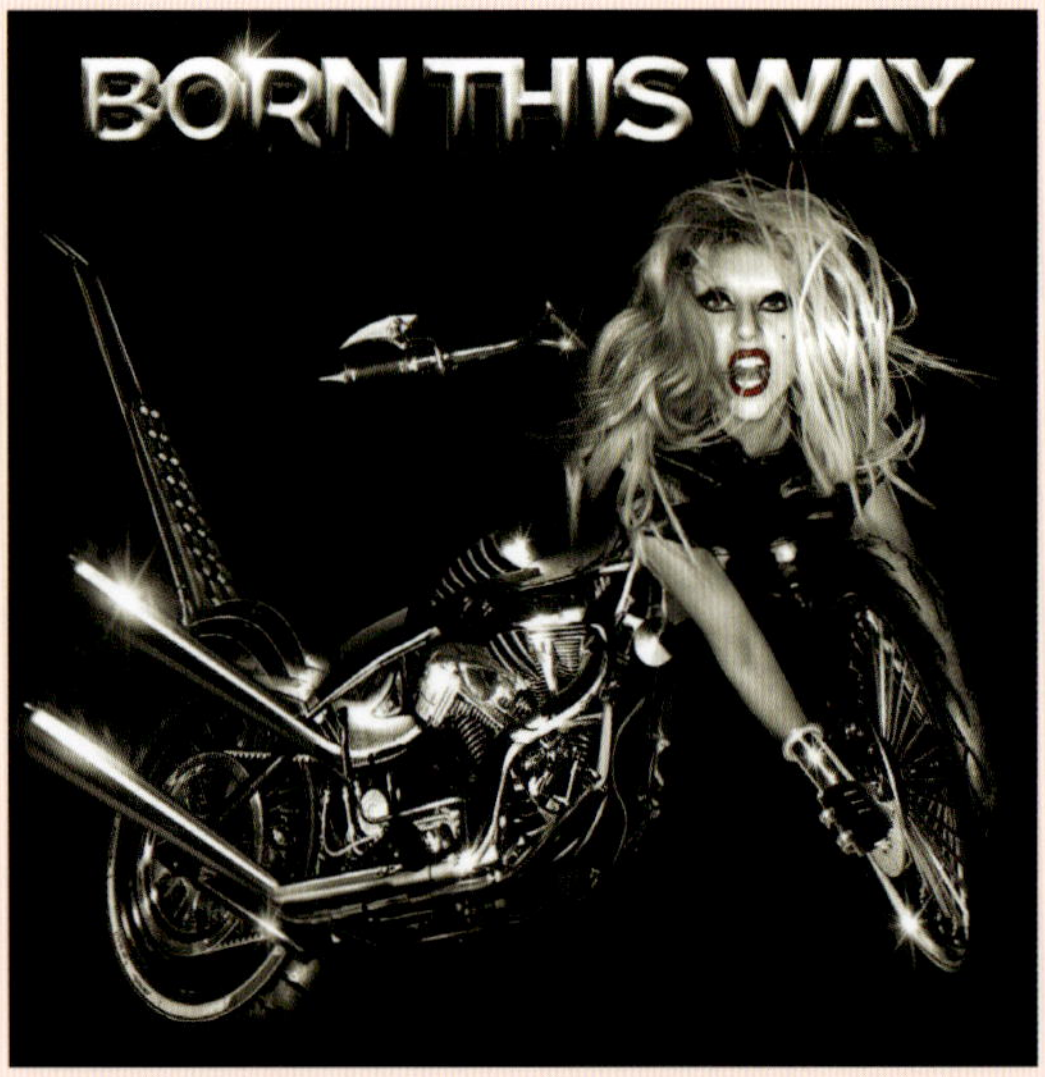

ＬＧＢＴの人《ひと》たちを応援《おうえん》する有名人《ゆうめいじん》

欧米《おうべい》に目《め》を向《む》けると、ＬＧＢＴの人《ひと》たちを応援《おうえん》している有名人《ゆうめいじん》がたくさんいます。

たとえば、アメリカの人気歌手《にんきかしゅ》レディー・ガガさんは、自分《じぶん》がバイセクシュアルだということを公表《こうひょう》しています。同性婚《どうせいこん》を支持《しじ》し、ＬＧＢＴのイベントにも積極的《せっきょくてき》に参加《さんか》しています。なかでも２０１３年《ねん》、ニューヨークで行《おこな》われたイベントで、ＬＧＢＴの人《ひと》たちの応援《おうえん》が自分《じぶん》を支《ささ》えてくれたと感謝《かんしゃ》の言葉《ことば》を述《の》べたというニュースが大《おお》きな話題《わだい》となりました。

ガガさんが歌《うた》う「Born《ボーン》 This《ディス》 Way《ウェイ》」という曲《きょく》は、ＬＧＢＴの人《ひと》たちだけでなく、生《い》きづらさを感《かん》じている人《ひと》たちや、ありのままに生《い》きていけるのかと悩《なや》んでいる人《ひと》たちにも勇気《ゆうき》を与《あた》える曲《きょく》として、とても人気《にんき》があります。

思《おも》いやりをもちながらありのままを受《う》けとめること

ＬＧＢＴの人《ひと》たちを応援《おうえん》している人《ひと》をもうひとり紹介《しょうかい》しましょう。２０１６年《ねん》、イギリス王室《おうしつ》のウィリアム王子《おうじ》が、ＬＧＢＴの雑誌《ざっし》の表紙《ひょうし》に登場《とうじょう》したことが大《おお》きな話題《わだい》となりました。その雑誌《ざっし》でウィリアム王子《おうじ》は、宮殿《きゅうでん》に

知《し》っておいてほしいことがあります。
それは、物事《ものごと》はよくなっていく
(IT GETS BETTER)ということです。
あなたが人《ひと》とはちがうということが、
あなたの誇《ほこ》りとなり強《つよ》みになるのだと
だんだんとわかることでしょう。
いまのあなたの苦《くる》しみをあなたが将来《しょうらい》、
同情《どうじょう》の心《こころ》と知恵《ちえ》をもってふりかえるときが
来《く》るでしょう。それはあなたのためになる
だけではなく、あなたがこの国《くに》をよい
ものにしていく助《たす》けになります。あなたは
差別《さべつ》に対抗《たいこう》していくことができる人《ひと》に
なれるでしょう

(バラク・オバマ/元《もと》アメリカ大統領《だいとうりょう》の動画《どうが》より)

・**IT GETS BETTER PROJECT**
https://www.youtube.com/user/itgetsbetterproject
・**オバマ元《もと》アメリカ大統領《だいとうりょう》の「IT GETS BETTER」**
https://www.youtube.com/watch?v=llmcW1rYvs8

世界中《せかいじゅう》に広《ひろ》がる“もっとよくなる”というメッセージ

2010年《ねん》に、アメリカの作家《さっか》ダン・サベージさんが、インターネットのYouTubeに「IT《イット》 GETS《ゲッツ》 BETTER《ベター》 PROJECT《プロジェクト》」というチャンネルを立《た》ち上《あ》げました。これは、同性愛者《どうせいあいしゃ》であることを疑《うたが》われたり、いじめられたりしたために自殺《じさつ》する10代《だい》の人《ひと》たちが相次《あいつ》いだことを食《く》い止《と》めようとして作《つく》られたものです。同性愛《どうせいあい》の人《ひと》だけでなく、さまざまな性《せい》のありかたの人《ひと》たちに向《む》けて、「いまの状況《じょうきょう》がつらくても、未来《みらい》は必《かなら》ずいまよりよくなる(IT GETS BETTER)」という、だれでも投稿《とうこう》できる動画《どうが》によるメッセージが世界中《せかいじゅう》の人《ひと》びとに希望《きぼう》を与《あた》えています。

IT GETS BETTER!
いまよりももっとよくなる!

写真:代表撮影/AP/アフロ

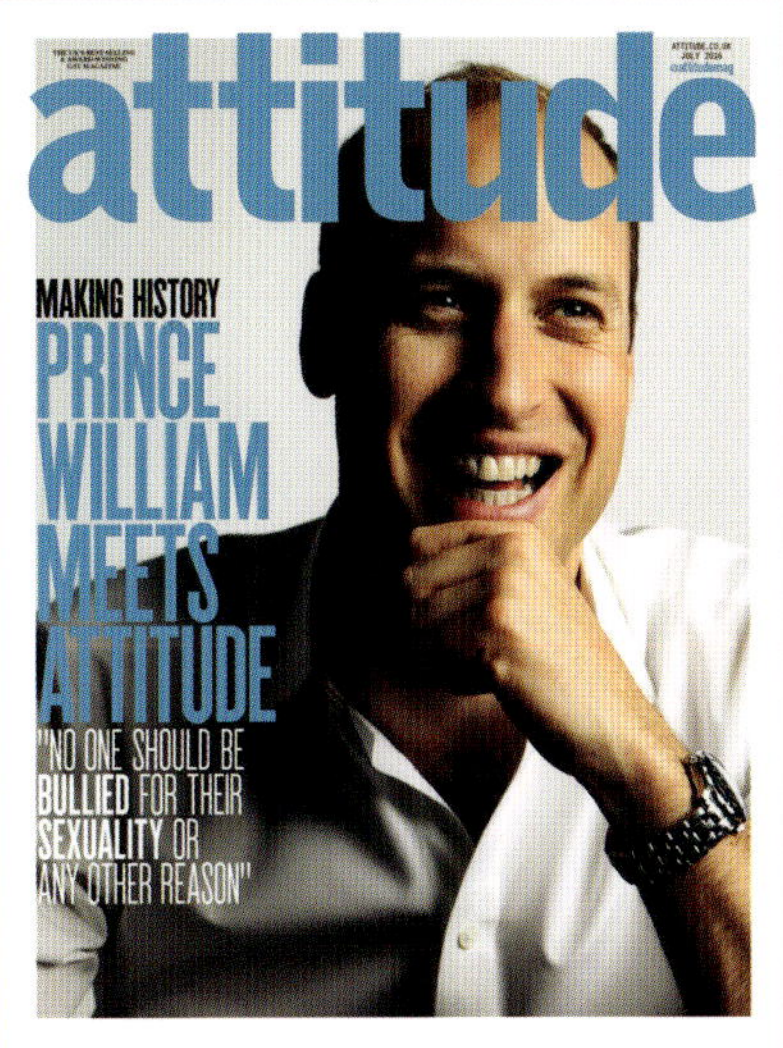

提供:Leigh Keily/Attitude/Splash/アフロ

性的指向《せいてきしこう》のせいでいじめを
受《う》けている人《ひと》がいたら、
がまんせずに信頼《しんらい》できる大人《おとな》か
友《とも》だちか教師《きょうし》か支援団体《しえんだんたい》に
相談《そうだん》してほしい。あなたがたは
自分《じぶん》を誇《ほこ》りに思《おも》うべきで、
恥《は》じることはなにもない

(ウィリアム王子《おうじ》/雑誌《ざっし》「attitude」より)

LGBTの若者《わかもの》たちを招待《しょうたい》して、いじめや差《さ》別《べつ》の経験《けいけん》について話《はな》し合《あ》いました。LGBTの人《ひと》を応援《おうえん》するのに、立場《たちば》や性《せい》のありかたは関係《かんけい》ないという、すばらしい例《れい》を作《つく》り出《だ》したのです。

レディー・ガガさんやウィリアム王子《おうじ》の行《こう》動《どう》に共通《きょうつう》するのは、「人《ひと》に対《たい》する思《おも》いやり」と「その人《ひと》をありのままに受《う》けとめること」、そして、「ある特定《とくてい》の人《ひと》たちを排除《はいじょ》しようとする動《うご》きに断固反対《だんこはんたい》すること」ではないでしょうか。

② LGBTをめぐる日本の取《と》り組《く》み

前《まえ》のページまでは、LGBTをめぐる世界《せかい》の動《うご》きについて紹介《しょうかい》してきました。
ここからは、日本ではどうなっているのかを見《み》ていきましょう。
国《くに》や自治体《じちたい》、企業《きぎょう》や学校《がっこう》などでさまざまな取《と》り組《く》みが行《おこな》われています。

同性《どうせい》のカップルをめぐる動《うご》き

日本では、同性《どうせい》のカップルが結婚《けっこん》する「同《どう》性婚《せいこん》」は法律的《ほうりつてき》に認《みと》められていません。そのため、同性《どうせい》のカップルは法律上《ほうりつじょう》、他人《たにん》どうしだとみなされ、さまざまな不利益《ふりえき》が生《しょう》じています。たとえば、財産《ざいさん》の相続《そうぞく》ができなかったり、税金《ぜいきん》の優遇《ゆうぐう》などが受《う》けられなかったり、カップルのどちらかが意識不明《いしきふめい》になったときに、「親族《しんぞく》ではない」とされ、病院《びょういん》で面会《めんかい》できなかったりするケースがあります。

こうした状況《じょうきょう》を改善《かいぜん》しようと、東京都《とうきょうと》の渋《しぶ》谷区《やくく》や世田谷区《せたがやく》、北海道《ほっかいどう》の札幌市《さっぽろし》など、いくつかの自治体《じちたい》で、同性《どうせい》のカップルを対象《たいしょう》にした証明書《しょうめいしょ》や宣誓書受領証《せんせいしょじゅりょうしょう》などの公的書類《こうてきしょるい》が発行《はっこう》されるようになりました。これがあるからといって、結婚《けっこん》した異性《いせい》のカップルのような法律的《ほうりつてき》な効力《こうりょく》はありませんが、同性《どうせい》のカップルを自治体《じちたい》が公《おおやけ》に認《みと》めたことは、大《おお》きな意《い》味《み》をもちます。この証明書《しょうめいしょ》を発行《はっこう》する自治体《じちたい》はまだ多《おお》くないのが現状《げんじょう》ですが、マジョリティ（多数派《たすうは》）の人《ひと》びとに向《む》けて、同性《どうせい》カップルへの理解《りかい》を広《ひろ》めることが期待《きたい》できる制度《せいど》だといえるでしょう。

パートナーシップ宣誓《せんせい》をした同性《どうせい》カップルの声《こえ》

Q1 なぜ宣誓《せんせい》をしようと思《おも》ったの？

同性《どうせい》のカップルがいて、ふつうに生活《せいかつ》していることをまわりに知《し》ってほしかったから。
パートナーとこれからも一緒《いっしょ》に生《い》きていくことを誓《ちか》う証《あかし》として。

Q2 宣誓《せんせい》してよかったことは？

宣誓《せんせい》したことをふまえて、自分《じぶん》たちのことを説明《せつめい》するときに伝《つた》えやすくなった。
二人《ふたり》の関係《かんけい》を公的《こうてき》な立場《たちば》の人《ひと》に伝《つた》えることができ、存在《そんざい》が認《みと》められて安心《あんしん》した。

Q3 宣誓《せんせい》して変化《へんか》はあった？

家族《かぞく》や友人《ゆうじん》たちに祝福《しゅくふく》された。

*参考《さんこう》／東京都《とうきょうと》「世田谷区《せたがやく》パートナーシップ宣誓《せんせい》の取《と》り組《く》みに関《かん》するアンケート調査結果《ちょうさけっか》」より（2016年《ねん》9月《がつ》）

戸籍《こせき》の性別《せいべつ》を変《か》えることが認《みと》められるように

以前《いぜん》の日本では、戸籍《こせき》の性別《せいべつ》を自分《じぶん》が望《のぞ》む性《せい》へ変《か》えることが認《みと》められていませんでした。こうした状況《じょうきょう》に悩《なや》む人《ひと》たちをサポートするため、2003年《ねん》に、「性同一性障害者の性《せい》別《べつ》の取扱《とりあつか》いの特例《とくれい》に関《かん》する法律《ほうりつ》（性同一性障害《せいどういつせいしょうがい》特例法《とくれいほう》）」が成立《せいりつ》しました。これは、戸籍《こせき》に記載《きさい》されている性別《せいべつ》を変《か》えることを認《みと》めるという法律《ほうりつ》です。ただし、20歳以上《さいいじょう》であること、さらに、手術《しゅじゅつ》でからだの性《せい》を望《のぞ》む性別《せいべつ》に近《ちか》づけていることなど、いくつかのハードルの高《たか》い要件《ようけん》を満《み》たす必要《ひつよう》があります。

もちろん、すべてのトランスジェンダーの人《ひと》たちが、からだの性《せい》を望《のぞ》む性別《せいべつ》に近《ちか》づけたいと思《おも》っているわけではありません。また、手術《しゅじゅつ》をしたくても、経済上《けいざいじょう》、あるいは健康《けんこう》上《じょう》の理由《りゆう》でできない人《ひと》もいて、人《ひと》それぞれに事情《じじょう》があります。からだの性《せい》を変《か》えなくても、服装《ふくそう》や髪型《かみがた》を変《か》えたり、まわりから自分《じぶん》が望《のぞ》む性《せい》で扱《あつか》われたりすることで、生活《せいかつ》がしやすくなる人《ひと》もいます。しかし、そのような人《ひと》は現在《げんざい》の法律《ほうりつ》では戸籍《こせき》の性別《せいべつ》を変《か》えることができません。

相談機関《そうだんきかん》や支援団体《しえんだんたい》が応援《おうえん》してくれる

性《せい》のありかたのことで悩《なや》んでいて、どうしたらいいかわからない。だれかに話《はなし》を聞《き》いてほしい。そんなときは、性《せい》のありかたに関《かん》する相談《そうだん》を受《う》けつける相談機関《そうだんきかん》や支援団体《しえんだんたい》があるので、活用《かつよう》してみるのもいいでしょう。こうした機関《きかん》や団体《だんたい》には、いろいろな性《せい》のありかたについてしっかりした知識《ちしき》をもち、一緒《いっしょ》に解決策《かいけつさく》を考《かんが》えてくれるスタッフがいます。もちろん、相談《そうだん》する人《ひと》のプライバシーはきちんと守《まも》られるので、だれかほかの人《ひと》に自分《じぶん》の秘密《ひみつ》がもれるということはありません。

また、LGBTの人《ひと》だけでなく、周囲《しゅうい》の人《ひと》が悩《なや》んでいるときにも頼《たよ》りになる存在《そんざい》です。「友《とも》だちからカミングアウトを受《う》けたんだけど、どうしていいかわからない」などの相談《そうだん》にも対応《たいおう》してもらえます。

直接《ちょくせつ》スタッフと顔《かお》を合《あ》わせて相談《そうだん》するのがむずかしい場合《ばあい》は、電話《でんわ》やメールで相談《そうだん》できる相談《そうだん》機関《きかん》や支援団体《しえんだんたい》もあります。くわしくはP.110 に相談機関《そうだんきかん》のリストを紹介《しょうかい》しているので、ひとりで考《かんが》えるのがつらいときや、だれかに話《はな》したいときは活用《かつよう》してみてはどうでしょうか。

日本にはLGBTの人《ひと》たちを支援《しえん》する相談機関《そうだんきかん》や支援団体《しえんだんたい》がたくさんあります。運営《うんえい》しているのは、NPO（利益《りえき》を求《もと》めず、社会《しゃかい》のために活動《かつどう》をする団体《だんたい》）や、県《けん》や市《し》などの自治体《じちたい》、そのほかにもさまざまな人《ひと》たちが支援活動《しえんかつどう》を行《おこな》っています。

LGBTの人《ひと》たちを応援《おうえん》する企業《きぎょう》や団体《だんたい》

LGBTの人《ひと》たちを応援《おうえん》しているのは国《くに》や自治体《じちたい》だけではありません。多《おお》くの企業《きぎょう》や団体《だんたい》がさまざまな取《と》り組《く》みをしています。

LGBTの人《ひと》たちが企業《きぎょう》などで働《はたら》くときに困《こま》ることとして、職場《しょくば》の人《ひと》から「なんで結《けっ》婚《こん》しないの？」「彼氏《かれし》（彼女《かのじょ》）はいないの？」と聞《き》かれつらく感《かん》じる、カミングアウト後《ご》に人《にん》間関係《げんかんけい》がぎくしゃくしてしまった、ハラスメント（いやがらせをしたり、相手《あいて》を不快《ふかい》にさせること）を受《う》けた、などといったことがあります。ま

PRIDE指標《プライドしひょう》ってなに？

任意団体《にんいだんたい》「work with Pride《ワークウィズプライド》」は、LGBTに関《かん》する企業《きぎょう》や団体《だんたい》の取《と》り組《く》みを五《いつ》つの指標《しひょう》（目印《めじるし》）で評価《ひょうか》しています。毎年《まいとし》、この五《いつ》つの指標《しひょう》を多《おお》く満《み》たした企業《きぎょう》や団体《だんたい》を表彰《ひょうしょう》することで、LGBTの人《ひと》たちが働《はたら》きやすい職場《しょくば》づくりを応援《おうえん》しています。ここで紹介《しょうかい》した企業《きぎょう》は2017年度《ねんど》のPRIDE指標《しひょう》において、五《いつ》つの指標《しひょう》をすべて満《み》たしています。

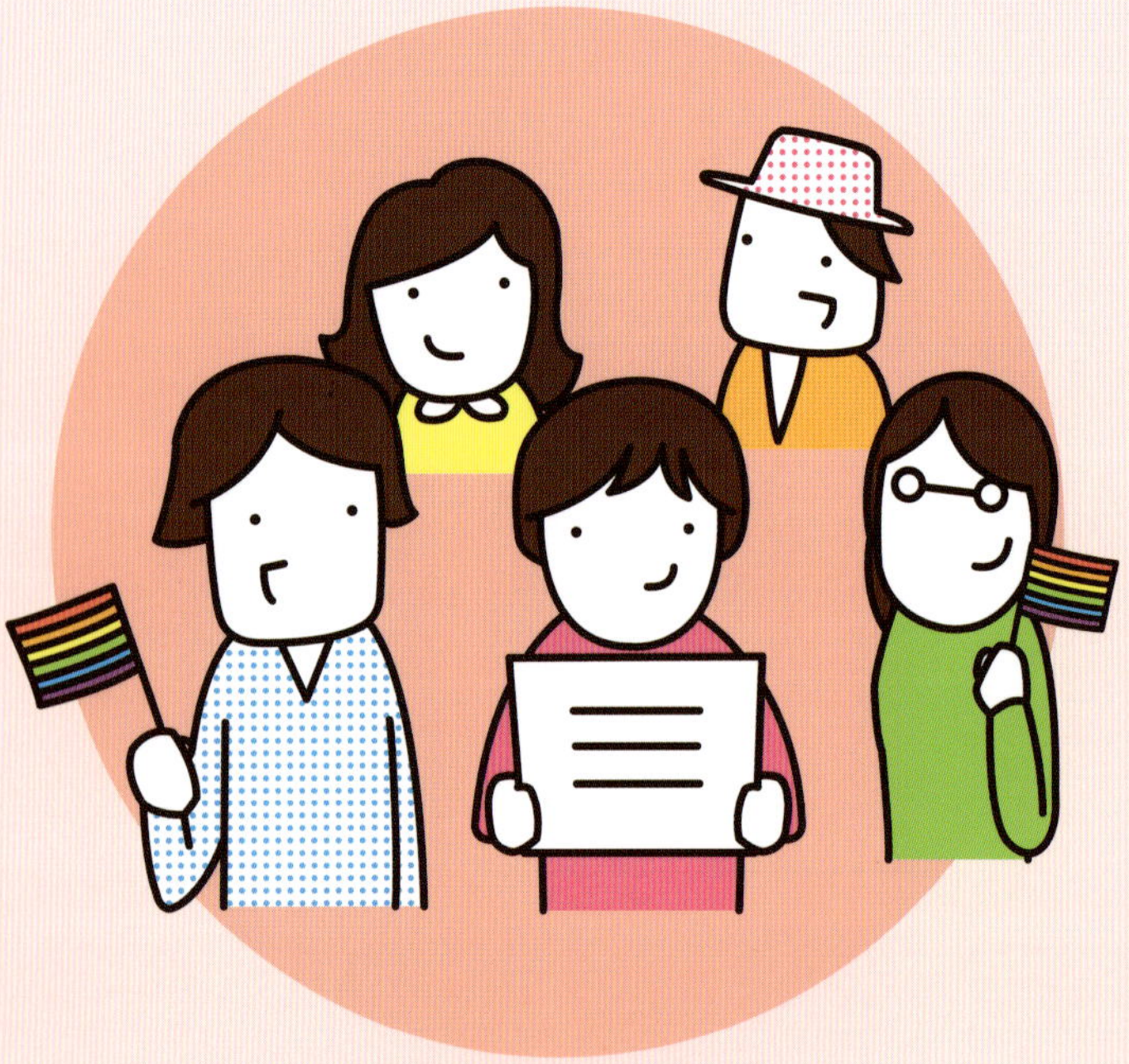

LGBTフレンドリーな企業《きぎょう》の例《れい》

株式会社丸井《かぶしきがいしゃまるい》グループ

LGBTに関連《かんれん》することはもちろん、仕事《しごと》や自分《じぶん》のこと、そして家族《かぞく》についての悩《なや》みなど幅広《はばひろ》い相談《そうだん》ができる社外相談窓口《しゃがいそうだんまどぐち》や、社員《しゃいん》がLGBTに関《かん》する仕事上《しごとじょう》の悩《なや》みを相談《そうだん》できる社内相談《しゃないそうだん》窓口《まどぐち》を設置《せっち》しています。LGBTの人《ひと》だけでなく、周囲《しゅうい》の社員《しゃいん》でも相談《そうだん》できるのが特長《とくちょう》です。また、東京《とうきょう》や関西《かんさい》、九州《きゅうしゅう》などで行《おこな》われる「レインボープライド」に積極的《せっきょくてき》に参加《さんか》しています。

野村《のむら》ホールディングス株式会社《かぶしきがいしゃ》

LGBTの人《ひと》たちが働《はたら》きやすい職場環境《しょくばかんきょう》をつくるための活動《かつどう》をしています。「アライ（LGBTを理解《りかい》し、応援《おうえん》する人《ひと》のこと）になろう！」を合言葉《あいことば》に、LGBTの人《ひと》たちへの差別的《さべつてき》な発言《はつげん》があったときに指摘《してき》をするなど、日《ひ》ごろからできる活動《かつどう》に力《ちから》を入《い》れることで、さまざまな価値観《かちかん》をもつ社員《しゃいん》がいきいきと働《はたら》ける職場《しょくば》をめざしています。

株式会社資生堂《かぶしきがいしゃしせいどう》

パートナーシップ証明書《しょうめいしょ》、あるいは一緒《いっしょ》に住《す》んでいることが証《しょう》明《めい》できる書類《しょるい》の提出《ていしゅつ》など、会社《かいしゃ》が認《みと》める要件《ようけん》を満《み》たすことで、社員《しゃいん》の同性《どうせい》パートナーを配偶者《はいぐうしゃ》（婚姻《こんいん》している相手《あいて》）とみなしています。認定《にんてい》された社員《しゃいん》は、パートナーの家族《かぞく》の介護休暇《かいごきゅうか》が取《と》れる、お祝《いわ》いごとの祝《いわ》い金《きん》やお葬式《そうしき》のときの見舞《みま》い金《きん》が受《う》け取《と》れるなど、配偶者《はいぐうしゃ》のいるほかの社員《しゃいん》と同《おな》じ扱《あつか》いになります。

た、とくにトランスジェンダーの人《ひと》は、学校《がっこう》と同《おな》じようにトイレや制服《せいふく》が男女《だんじょ》で分《わ》かれていることで、いろいろな悩《なや》みや困《こま》りごとが出《で》てくることがあります。そうした困《こま》りごとをなるべくなくし、LGBTの人《ひと》たちが大変《たいへん》な思《おも》いをせず、いきいきと働《はたら》くことができるように、多《おお》くの企業《きぎょう》や団体《だんたい》がさまざまな活動《かつどう》に取《と》り組《く》んでいます。

結婚式《けっこんしき》を挙《あ》げることでまわりの人《ひと》たちに祝福《しゅくふく》され、家族《かぞく》として認《みと》められたことで、とても暮《く》らしやすくなったと語《かた》る同性《どうせい》カップルもいます。写真提供：鳥山真翔

LGBTの人《ひと》たちを応援《おうえん》するサービスを提供《ていきょう》する企業《きぎょう》も

同性《どうせい》カップルの人《ひと》たちも、異性《いせい》カップルと同《おな》じように使用《しよう》できる商品《しょうひん》やサービスを提供《ていきょう》する企業《きぎょう》もだんだん増《ふ》えてきています。

たとえば携帯電話《けいたいでんわ》ですが、同性《どうせい》カップルどうしでも、基本料金《きほんりょうきん》や通話料金《つうわりょうきん》などを割《わ》り引《び》く「家族割《かぞくわり》」のサービスを受《う》けられる携帯電話会社《けいたいでんわがいしゃ》があります。あるいは賃貸住宅《ちんたいじゅうたく》について、同性《どうせい》のカップルやLGBTの人《ひと》たちが入居《にゅうきょ》を断《ことわ》られるという事例《じれい》も起《お》こっていますが、最近《さいきん》ではLGBTの人《ひと》たち向《む》けに物件《ぶっけん》を紹介《しょうかい》する不動産会社《ふどうさんがいしゃ》や、LGBTの人《ひと》でも安心《あんしん》して入《にゅう》居《きょ》できる物件《ぶっけん》を検索《けんさく》できるようにする会社《かいしゃ》が出《で》てきました。

また、結婚式場《けっこんしきじょう》も変《か》わってきています。同性婚《どうせいこん》は日本の法律《ほうりつ》では認《みと》められていませんが、結《けっ》婚式《こんしき》をしたいという同性《どうせい》カップルのニーズが高《たか》まってきたこともあり、結婚式場《けっこんしきじょう》も同性《どうせい》の結婚《けっこん》式《しき》も行《おこな》えるところが増《ふ》えてきています。

勇気《ゆうき》と共感《きょうかん》のメッセージ「OUT IN JAPAN《アウト イン ジャパン》」の活動《かつどう》

認定《にんてい》NPO法人《ほうじん》グッド・エイジング・エールズが行《おこな》っている「OUT IN JAPAN」は、日本のLGBTの人《ひと》たちの写真《しゃしん》とメッセージを写真展《しゃしんてん》やインターネットで公開《こうかい》するプロジェクトです。世界的《せかいてき》に有名《ゆうめい》な写真《しゃしん》家《か》／フォトグラファーが撮影《さつえい》したLGBTの人《ひと》たちのポートレート写真《しゃしん》を通《つう》じて、カミングアウトを受《う》けとめ、応援《おうえん》できる社会《しゃかい》をめざそうという精神《せいしん》にあふれていて、性《せい》のありかたのことで悩《なや》んでいる人《ひと》たちに共《きょう》感《かん》と勇気《ゆうき》を与《あた》え続《つづ》けています。

http://outinjapan.com

写真提供：認定NPO法人グッド・エイジング・エールズ

学《がっ》校《こう》生《せい》活《かつ》を安《あん》心《しん》して送《おく》るための動《うご》き

2015年《ねん》、文《もん》部《ぶ》科《か》学《がく》省《しょう》はすべての子《こ》どもたちが安《あん》心《しん》して学《がっ》校《こう》生《せい》活《かつ》を送《おく》ることができるように、全《ぜん》国《こく》の小《しょう》中《ちゅう》学《がっ》校《こう》に「性《せい》同《どう》一《いつ》性《せい》障《しょう》害《がい》に係《かか》る児《じ》童《どう》生《せい》徒《と》に対《たい》するきめ細《こま》かな対《たい》応《おう》の実《じっ》施《し》等《とう》について」という通《つう》知《ち》を出《だ》しました。この通《つう》知《ち》は、トランスジェンダーの子《こ》どもたちの服《ふく》装《そう》や髪《かみ》型《がた》、トイレや更《こう》衣《い》室《しつ》の使《つか》いかた、修《しゅう》学《がく》旅《りょ》行《こう》の部《へ》屋《や》や入《にゅう》浴《よく》などについて、きめ細《こま》かく対《たい》応《おう》することを求《もと》めています。

また、トランスジェンダーの子《こ》どもだけでなく、さまざまな性《せい》のありかたの子《こ》どもへの対《たい》応《おう》にも配《はい》慮《りょ》し、先《せん》生《せい》がセクシュアルマイノリティを傷《きず》つけるような言《げん》動《どう》をせず、いじめや差《さ》別《べつ》を許《ゆる》さないこと、子《こ》どもがカミングアウトをする、しないにかかわらず、相《そう》談《だん》しやすい雰《ふん》囲《い》気《き》をつくっておくこと、そして性《せい》について悩《なや》んでいる子《こ》どもから悩《なや》みを打《う》ち明《あ》けられたら、しっかり聞《き》くことが必《ひつ》要《よう》だとされています。

また、子《こ》どもたちがLGBTについて知《し》る機《き》会《かい》もだんだん増《ふ》えてきています。あなたの学《がっ》校《こう》でも、先《せん》生《せい》が道《どう》徳《とく》や保《ほ》健《けん》の時《じ》間《かん》などで、LGBTのことを教《おし》えてくれたことがあるかもしれません。また、LGBTの人《ひと》が、講《こう》演《えん》に来《き》たり、授《じゅ》業《ぎょう》をしてくれたりという経《けい》験《けん》のある人《ひと》もいるのではないでしょうか。こうした取《と》り組《く》みが増《ふ》えていくことが望《のぞ》まれます。

LGBTの子《こ》どもにとって、過《す》ごしやすい学《がっ》校《こう》にするためになにができるか、授《じゅ》業《ぎょう》で子《こ》どもたちにLGBTのことをどうやって教《おし》えたらいいかなどについて、研《けん》修《しゅう》や勉《べん》強《きょう》会《かい》などで、先《せん》生《せい》どうしが話《はな》し合《あ》ったり、研《けん》究《きゅう》したりしています。

LGBTの人《ひと》をゲストに呼《よ》んで、自《じ》分《ぶん》の体《たい》験《けん》を話《はな》してもらったり、質《しつ》問《もん》に答《こた》えたりする授《じゅ》業《ぎょう》を行《おこな》う先《せん》生《せい》もいます。

そもそもいろいろな性《せい》のありかたってなに？ということから説《せつ》明《めい》をはじめ、LGBTの人《ひと》を差《さ》別《べつ》したり、からかいのネタにしたりしてはいけないとていねいに話《はな》す先《せん》生《せい》もいます。

いろいろな性《せい》のありかたが描《えが》かれている物《もの》語《がたり》や絵《え》本《ほん》を読《よ》んで、クラスのみんなで感《かん》想《そう》を言《い》い合《あ》ったり、話《はな》し合《あ》ったりする授《じゅ》業《ぎょう》をする先《せん》生《せい》もいます。

LGBTについて学《まな》ぶことから
実行《じっこう》に移《うつ》すことのたいせつさに気《き》づく

ここで、一《ひと》つの中学校《ちゅうがっこう》の例《れい》を紹介《しょうかい》しましょう。愛媛県《えひめけん》の西条市立丹原東中学校《さいじょうしりつたんばらひがしちゅうがっこう》です。この中学校《ちゅうがっこう》は平成《へいせい》26・27年度《ねんど》に文部科学省人権教育研究指定校《もんぶかがくしょうじんけんきょういくけんきゅうしていこう》になったことをきっかけに、性《せい》の多様性《たようせい》に関《かん》する人権学習《じんけんがくしゅう》に継続的《けいぞくてき》に取《と》り組《く》んできました。

道徳《どうとく》の授業《じゅぎょう》を軸《じく》として、先生《せんせい》たちが作《つく》った資料《しりょう》を使《つか》って年間《ねんかん》で約《やく》10コマの授業《じゅぎょう》を行《おこな》ったり、LGBTの人《ひと》たちを招《まね》いて講演会《こうえんかい》を行《おこな》ったりするようになりました。

生徒《せいと》たちは、人権学習《じんけんがくしゅう》の中《なか》でLGBTについて学《まな》ぶだけにとどまらず、だんだん自分《じぶん》たちが主役《しゅやく》になって行動《こうどう》するようになっていきました。たとえば、校区《こうく》の地域懇談会《ちいきこんだんかい》の中《なか》でLGBTに関《かん》する学習発表《がくしゅうはっぴょう》を行《おこな》ったり、文化祭《ぶんかさい》で人権啓発劇《じんけんけいはつげき》を行《おこな》ったり、生徒《せいと》が校区《こうく》の小学校《しょうがっこう》に行《い》き、性《せい》の多様性《たようせい》について、児童《じどう》を対象《たいしょう》に授業《じゅぎょう》を行《おこな》ったりするなどの動《うご》きが出《で》てきたのです。

生徒《せいと》たちが積極的《せっきょくてき》に性《せい》の多様性《たようせい》に関《かん》する人権学習《じんけんがくしゅう》をし、そこで得《え》た知識《ちしき》をもとに、広《ひろ》くまわりに伝《つた》えていこうという姿勢《しせい》を見《み》せていることで、とてもすばらしい成果《せいか》をあげています。

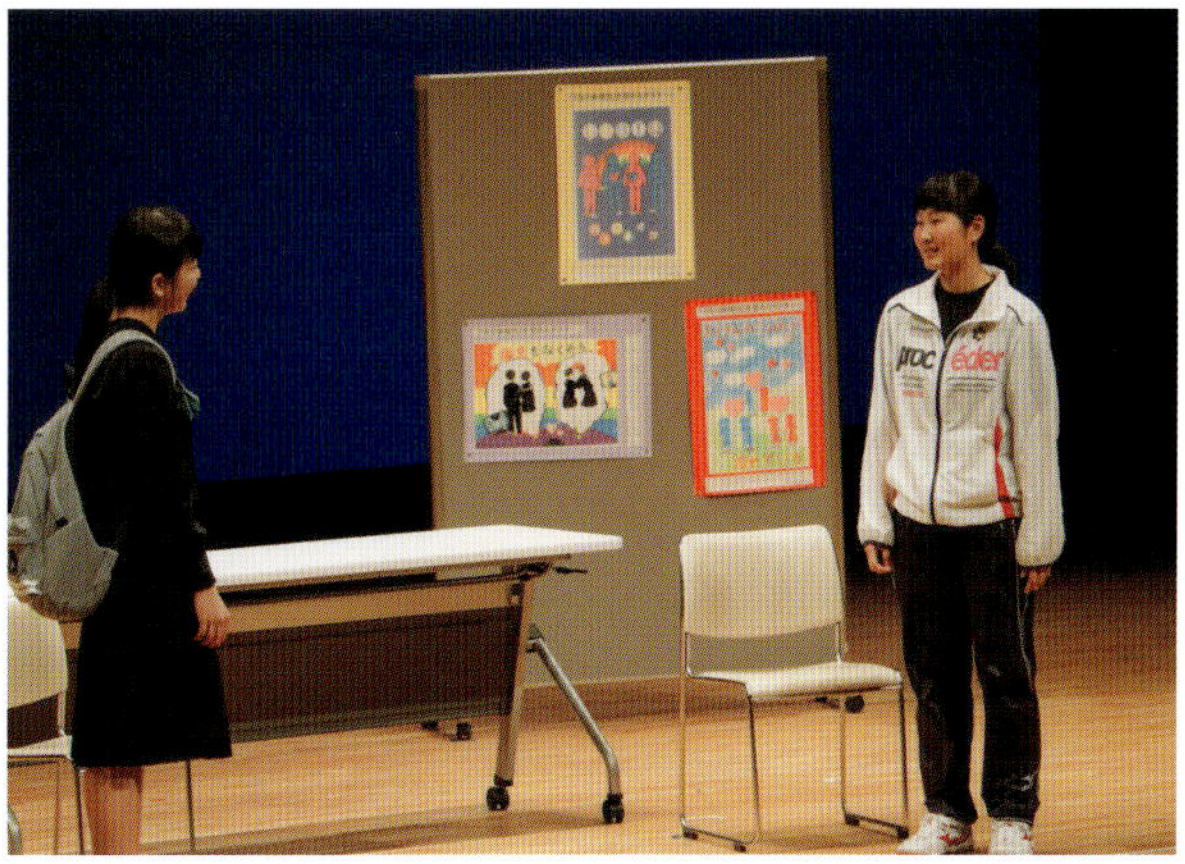

文化祭《ぶんかさい》で行《おこな》われたLGBTを題材《だいざい》にした人権劇《じんけんげき》。LGBTを学《まな》んだ生徒《せいと》たちの意見《いけん》やアイデアが、劇《げき》のなかに盛《も》りこまれています。「よく理解《りかい》できる」と、劇《げき》を見《み》た保護者《ほごしゃ》や地域《ちいき》の人《ひと》たちにはとても好評《こうひょう》のようです。

生徒《せいと》たちが、LGBTなど人権《じんけん》についてのさまざまな問題《もんだい》を地域《ちいき》の人《ひと》たちに発表《はっぴょう》する懇談会《こんだんかい》です。クイズ形式《けいしき》で発表《はっぴょう》するなど、理解《りかい》してもらうために生徒《せいと》たちはいろいろな工夫《くふう》をしています。

小学校《しょうがっこう》での出前授業《でまえじゅぎょう》の様子《ようす》。いずれ自分《じぶん》たちの中学《ちゅうがく》に入学《にゅうがく》してくる小学生《しょうがくせい》たちに、LGBTについて知《し》ってもらいたいという生徒《せいと》たちの願《ねが》いもあって、行《おこな》われるようになりました。

3 自分《じぶん》たちができることって、どんなこと？

LGBTについて、世界《せかい》や日本での取り組《と》み《く》を見《み》てきました。
では、あなた自身《じしん》は、どんなことができると思《おも》いますか？
自分《じぶん》ができることはなんなのか。ここでじっくり考《かんが》えてみましょう。

無理《むり》しなくてもいいできることからはじめよう

これまでの章《しょう》を通《とお》して、あなたはLGBTの人《ひと》たちをめぐるいろいろな状況《じょうきょう》を学《まな》んできたと思《おも》います。なかには、「困《こま》っている人《ひと》を助《たす》けたい！」とか、「相談《そうだん》される人《ひと》にならなきゃ！」と思《おも》う人《ひと》もいるかもしれませんね。ですが、そこまで気《き》を張《は》ることはありません。あなたができることを無理《むり》なく少《すこ》しずつやっていけばいいのです。

ここに、いまからはじめるのにおすすめの行動《こうどう》をいくつか紹介《しょうかい》しています。読《よ》んでみて、これならできそう、と思《おも》ったことからやってみましょう。たくさんできる人《ひと》はもちろんすばらしいですが、「一《ひと》つぐらいしかできないよ」「いまはまだ行動《こうどう》できそうにないな」という人《ひと》も大丈夫《だいじょうぶ》です。LGBTの人《ひと》たちにとっても暮《く》らしやすい社会《しゃかい》にするために、なにができるのかと考《かんが》えることができるあなたは、それだけですばらしいのです。

1 LGBTについての本《ほん》をもっと読《よ》んでみる

LGBTについて書《か》かれた本《ほん》はたくさんあります。LGBTの人《ひと》が書《か》いたもの、LGBTの支援《しえん》団体《だんたい》の人《ひと》が書《か》いたものなどさまざまで、絵本《えほん》やマンガもあります。ほかの本《ほん》を読《よ》むとまた新《あたら》しい発見《はっけん》や学《まな》びがあることでしょう。おすすめの本《ほん》はP.112で紹介《しょうかい》しているので、図書館《としょかん》などで借《か》りて読《よ》んでみましょう。

2 6色《しょく》レインボーを身《み》につける

6色《しょく》のレインボーは性《せい》の多様性《たようせい》をあらわしていて、それをあしらったバッジ・シール・バンドをつけている人《ひと》は、LGBTの人《ひと》たちを応《おう》援《えん》しているというしるしになります。もしかすると身近《みぢか》なところに、レインボーのバッジをつけている人《ひと》がいるかもしれませんね。

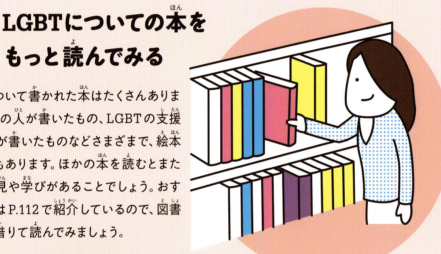

3 プライドパレードなどのイベントに行《い》ってみる

全国《ぜんこく》のさまざまな場所《ばしょ》で行《おこな》われているプライドパレードなどのイベントを見《み》にいくと、LGBTの人《ひと》やLGBTの人《ひと》たちを支援《しえん》するたくさんの人《ひと》びとに出会《であ》うことができます。性《せい》のありかたはほんとうに多様《たよう》だということが、実際《じっさい》に理解《りかい》できるとても貴重《きちょう》な体験《たいけん》となるでしょう。

4 相談《そうだん》されて、わからないときは「わからない」と言《い》う

性《せい》のありかたのことで相談《そうだん》されたとき、どうしたらいいかわからない場合《ばあい》も多《おお》いと思《おも》います。そんなときは、正直《しょうじき》に「わからない」と答《こた》えていいと思《おも》います。話《はなし》をていねいに聞《き》くだけでも、相談《そうだん》してきた人《ひと》はとても安心《あんしん》するでしょう。そして、もしその人《ひと》が困《こま》っているとしたら、相談《そうだん》できる支援団体《しえんだんたい》を教《おし》えるのもいいでしょう。

5 不要《ふよう》かもしれない男女分《だんじょわ》けを意識《いしき》する

制服《せいふく》や学用品《がくようひん》など、学校《がっこう》には男女《だんじょ》で分《わ》けられているものがたくさんあります。そうしたものについて、「これって、ほんとうに男女《だんじょ》で分《わ》ける意味《いみ》があるのかな?」「困《こま》っている人《ひと》はいないかな?」と考《かんが》えてみましょう。いつかあなたがLGBTの人《ひと》たちを応援《おうえん》するときにとても役立《やくだ》つと思《おも》います。

6 人《ひと》を傷《きず》つけるようなことは言《い》わない

たとえ冗談《じょうだん》でも、人《ひと》が傷《きず》つくようなことは決《けっ》して言《い》わないようにしましょう。これはLGBTの人《ひと》に対《たい》してだけでなく、すべての人《ひと》に対《たい》してです。匿名《とくめい》だからといって、インターネットやSNSに書《か》きこむこともやめましょう。また、周囲《しゅうい》の人《ひと》がだれかを傷《きず》つけることを言《い》ったとき、その人《ひと》を注意《ちゅうい》できるといいですね。

④ 自《じ》分《ぶん》と社《しゃ》会《かい》の多《た》様《よう》性《せい》を認《みと》めていこう

ここまで読《よ》んできてくれてありがとう！　この本《ほん》を最《さい》後《ご》まで読《よ》んでくれたあなたは、この本《ほん》を読《よ》む前《まえ》のあなたとはきっと変《か》わっているはずです。そんなあなたに考《かん》がえてもらいたいことがあります。

性《せい》のありかたはその人《ひと》の一《いち》部《ぶ》分《ぶん》

ここまで読《よ》んできたあなたは「世《よ》の中《なか》にはいろいろな性《せい》のありかたの人《ひと》がいる」とわかりましたね。いままではなじみがなくて、はじめてこの本《ほん》で知《し》ったという人《ひと》もいるでしょう。ここで一《ひと》つお願《ねが》いがあります。あなたがこの先《さき》、友《とも》だちなどから性《せい》のありかたについてカミングアウトを受《う》けたときには、「LGBTの人《ひと》」としてでなく、「その人《ひと》」として接《せっ》してください。

「右《みぎ》利《き》き」「メガネをかけている」「身《しん》長《ちょう》が170㎝くらい」「猫《ねこ》が好《す》き」「ピーマンが嫌《きら》い」など、人《ひと》にはいろいろな要《よう》素《そ》があります。それらの要《よう》素《そ》は、人《ひと》によって少《すこ》しずつちがうため、まったく同《おな》じ人《にん》間《げん》なんていないのです。性《せい》のありかたもその要《よう》素《そ》の一《ひと》つにすぎません。そう考《かん》がえると、性《せい》のありかたのちがいだけを大《おお》きく取《と》り上《あ》げて特《とく》別《べつ》扱《あつか》いしたり、自《じ》分《ぶん》とはちがうのだと壁《かべ》を作《つく》ったりするのは、おかしいことだとわかりますよね。

「異《い》性《せい》より同《どう》性《せい》が好《す》き」「こころの性《せい》とからだの性《せい》が異《こと》なる」といった要《よう》素《そ》も、人《ひと》によって少《すこ》しずつちがう個《こ》性《せい》の一《ひと》つであり、それだけが特《とく》別《べつ》なことではありません。「Aさんはメガネをかけている」という要《よう》素《そ》だけではAさんの一《いち》部《ぶ》しかわからないのと同《おな》じように、「Aさんはレズビアンだ」という要《よう》素《そ》だけでは、Aさんをあらわすことはできないのです。あなたの身《み》近《ぢか》にいる人《ひと》も、あなた自《じ》身《しん》も、〝LGBTのだれか〟でも、〝LGBTでないだれか〟でもありません。ひとりひとり異《こと》なり、でもひとりひとりたいせつな、ひとりの人《にん》間《げん》だということを前《ぜん》提《てい》に、おたがいを尊《そん》重《ちょう》し合《あ》えたら素《す》敵《てき》ではないでしょうか。

「ふつう」「ふつうじゃない」という考《かんが》えかたを超《こ》えていこう

最後《さいご》にもう一度《いちど》、「ふつう」について考《かんが》えてみましょう。この本《ほん》で性《せい》のありかたや社会《しゃかい》の動《うご》きについて知《し》ったことで、あなたの中《なか》の「ふつう」は、これまで思《おも》っていたものから少《すこ》し変化《へんか》しているのではないでしょうか。これからも、新《あたら》しいことを知《し》るたびに、あなたの中《なか》の「ふつう」は変《か》わっていくと思《おも》います。「ふつう」とは、人《ひと》によってちがうし、新《あたら》しい出会《であ》いや社会《しゃかい》の変化《へんか》によって変《か》わっていくもの。つまり「絶対的《ぜったいてき》に、ずっとこれがふつう」なんていうものはないのです。

それでも、あなたの住《す》む社会《しゃかい》にはいろいろな枠組《わくぐ》みがあって、「これがふつうだ」と一方的《いっぽうてき》に押《お》しつけられてしまうときがあるかもしれません。そんなときは、ひとりひとり多様性《たようせい》があること、それを受《う》け入《い》れることで、自分《じぶん》らしく生《い》きられる人《ひと》が増《ふ》え、世界《せかい》がよりよくなっていくことを思《おも》い出《だ》してください。そして「こう考《かんが》える人《ひと》の気持《きも》ちもわかるけれど、わたしはちがうと思《おも》う」「この決《き》まりで困《こま》っている人《ひと》がいないか考《かんが》えてみよう」など、物事《ものごと》をいろいろな人《ひと》の視点《してん》に立《た》って考《かんが》えてみると、いつの間《ま》にか、「これってふつうなの？　それともふつうじゃないの？」という悩《なや》みを超《こ》えて、「このことについて、自分《じぶん》はどう考《かんが》え、どう行動《こうどう》するのか」という向《む》き合《あ》いかたに変《か》わっていくはずです。これからの未来《みらい》をつくっていくのはあなたたちです。想像《そうぞう》してみてください。自分《じぶん》が大人《おとな》になったとき、どんな社会《しゃかい》で生《い》きていきたいですか？

まずは、あなたが自分《じぶん》らしさをたいせつにしてください。そして、まわりの人《ひと》の自分《じぶん》らしさもたいせつにして、それぞれのちがいを楽《たの》しみましょう。だれもが生《い》きやすい社会《しゃかい》の実現《じつげん》はそんな身近《みぢか》なところから始《はじ》まるのです。

性《せい》のありかたについて話《はな》せる相《そう》談《だん》窓《まど》口《ぐち》

自《じ》分《ぶん》、あるいはまわりの人《ひと》の性《せい》のありかたについて、相《そう》談《だん》したいことがある人《ひと》や、悩《なや》みを聞《き》いてほしいと思《おも》う人《ひと》たちのために、電《でん》話《わ》やメールで相《そう》談《だん》できるおもな窓《まど》口《ぐち》を紹《しょう》介《かい》します。自《じ》分《ぶん》が話《はな》したくないことは話《はな》さなくても大《だい》丈《じょう》夫《ぶ》ですし、話《はな》した内《ない》容《よう》の秘《ひ》密《みつ》はきちんと守《まも》られるので、安《あん》心《しん》して頼《たよ》ることができます。また、ここにのっている窓《まど》口《ぐち》では、相《そう》談《だん》のための料《りょう》金《きん》はかかりません。

*このページに掲《けい》載《さい》されている情《じょう》報《ほう》は、2018年《ねん》1月《がつ》現《げん》在《ざい》のもので、サービスは終《しゅう》了《りょう》することもあります。日《にっ》程《てい》や時《じ》間《かん》、URLは変《へん》更《こう》されることがあります。

よりそいホットライン

一《いっ》般《ぱん》社《しゃ》団《だん》法《ほう》人《じん》社《しゃ》会《かい》的《てき》包《ほう》摂《せつ》サポートセンター

電《でん》話《わ》 0120-279-338
24時《じ》間《かん》、365日《にち》受《う》けつけています
http://279338.jp/yorisoi/

どのような人《ひと》の、どんな悩《なや》みにもよりそい、一《いっ》緒《しょ》に解《かい》決《けつ》する方《ほう》法《ほう》を探《さが》します。電《でん》話《わ》をかけると音《おん》声《せい》ガイダンスが流《なが》れ、「4」を押《お》すと、「性《せい》別《べつ》や同《どう》性《せい》愛《あい》などに関《かか》わる相《そう》談《だん》」につながります。携《けい》帯《たい》電《でん》話《わ》や公《こう》衆《しゅう》電《でん》話《わ》からでも無《む》料《りょう》で通《つう》話《わ》ができます。

QWRC《くぉーく》電《でん》話《わ》相《そう》談《だん》

NPO法《ほう》人《じん》QWRC《くぉーく》

電《でん》話《わ》 06-6585-0751
毎《まい》月《つき》第《だい》1月《げつ》曜《よう》日《び》/午《ご》後《ご》7:30～10:30
http://qwrc.org

多《た》様《よう》な性《せい》のありかたが、当《あ》たり前《まえ》に尊《そん》重《ちょう》される社《しゃ》会《かい》の実《じつ》現《げん》をめざして活《かつ》動《どう》しているNPO法《ほう》人《じん》です。LGBTの人《ひと》たちや、その家《か》族《ぞく》・友《ゆう》人《じん》に向《む》けて相《そう》談《だん》を受《う》けつけています。

統《とう》合《ごう》ヘルプ・ライン・サービス

NPO法《ほう》人《じん》動《うご》くゲイとレズビアンの会《かい》・アカー

電《でん》話《わ》 03-3380-2269
祝《しゅく》日《じつ》をのぞく、毎《まい》週《しゅう》火《か》、水《すい》、木《もく》曜《よう》日《び》/午《ご》後《ご》8:00～10:00
http://www.occur.or.jp/tel.html

LGBTのおかれている困《こん》難《なん》な状《じょう》況《きょう》を変《か》えるために活《かつ》動《どう》しているNPO法《ほう》人《じん》です。おもにLGBTや、エイズなどの性《せい》感《かん》染《せん》症《しょう》について悩《なや》んでいる人《ひと》たちの相《そう》談《だん》を受《う》けています。研《けん》修《しゅう》を受《う》けた専《せん》門《もん》のスタッフが対《たい》応《おう》しています。

AGP「こころの相談《そうだん》」

AGP／同性愛者医療《どうせいあいしゃいりょう》・福祉《ふくし》・教育《きょういく》・カウンセリング専門家会議《せんもんかかいぎ》

電話《でんわ》 050-5539-0246
毎週火曜日《まいしゅうかようび》/午後《ごご》8:00～10:00
http://www.agp-online.jp/

医療《いりょう》や教育《きょういく》などの専門分野《せんもんぶんや》の知識《ちしき》と技術《ぎじゅつ》をいかして、レズビアン、ゲイ、バイセクシュアルの人《ひと》たちに必要《ひつよう》な情報《じょうほう》やサポートを提供《ていきょう》している団体《だんたい》です。相談員《そうだんいん》の多《おお》くは、現場《げんば》で働《はたら》いている医師《いし》やカウンセラーです。LGBTの人《ひと》たちの悩《なや》みやこころの問題《もんだい》に対応《たいおう》しています。

SHIP・ほっとライン

特定非営利活動法人《とくていひえいりかつどうほうじん》SHIP

電話《でんわ》 045-548-3980
毎週木曜日《まいしゅうもくようび》/午後《ごご》7:00～9:00
http://www2.ship-web.com/

神奈川県《かながわけん》を拠点《きょてん》にセクシュアルマイノリティの人《ひと》たちが、自分《じぶん》らしく健康《けんこう》に暮《く》らせる社会《しゃかい》をめざしてさまざまな活動《かつどう》をしています。同性愛《どうせいあい》や、性別《せいべつ》に違和感《いわかん》がある人《ひと》、また、その周囲《しゅうい》の人《ひと》たち向《む》けに電話相談《でんわそうだん》を行《おこな》っています。

そのほかの電《でん》話《わ》相《そう》談《だん》窓《まど》口《ぐち》

LGBTほっとライン

北海道《ほっかいどう》・札幌市《さっぽろし》

電話《でんわ》 011-728-2216《にじいろ》
毎週木曜日《まいしゅうもくようび》/午後《ごご》4:00～8:00
(年末年始《ねんまつねんし》をのぞきます)

性的少数者《せいてきしょうすうしゃ》のためのアイリスにじいろ電話相談《でんわそうだん》

東京都《とうきょうと》・渋谷区《しぶやく》

電話《でんわ》 03-3464-3401
原則《げんそく》として毎月第《まいつきだい》2、4 土曜日《どようび》/午後《ごご》1:00～4:00
(ひとりおよそ30分《ぷん》まで)

セクシュアルマイノリティのための世田谷《せたがや》にじいろひろば電話相談《でんわそうだん》

東京都《とうきょうと》・世田谷区《せたがやく》

電話《でんわ》 03-6805-5875
毎月第《まいつきだい》2、第《だい》4月曜日《げつようび》/午後《ごご》1:30～4:30
毎月第《まいつきだい》1、第《だい》3木曜日《もくようび》/午後《ごご》6:00～9:00
(年末年始《ねんまつねんし》/12月《がつ》28日《にち》～1月《がつ》4日《か》をのぞきます)
※この日程《にってい》は平成《へいせい》30年《ねん》4月《がつ》以降《いこう》のものです。

セクシュアルマイノリティ電話相談《でんわそうだん》

兵庫県《ひょうごけん》・宝塚市《たからづかし》

電話《でんわ》 0797-71-2136
毎週水曜日《まいしゅうすいようび》/午後《ごご》3:00～6:00
(祝日《しゅくじつ》、年末年始《ねんまつねんし》をのぞきます)
(ひとりおよそ30分《ぷん》まで)

ほかにも、相談窓口《そうだんまどぐち》を開設《かいせつ》している自治体《じちたい》や団体《だんたい》があります。インターネットで「LGBT　相談《そうだん》　(地名《ちめい》)」などと検索《けんさく》して調《しら》べてみてください。

フレンズライン

任意団体《にんいだんたい》FRENS／Fukuoka Rainbow Educational NetworkS

電話《でんわ》 080-9062-2416
毎週日曜日《まいしゅうにちようび》/午後《ごご》5:00～9:00
http://blog.canpan.info/frens/

おもに思春期《ししゅんき》のLGBTの人《ひと》たちや、そのまわりの人《ひと》たちを支援《しえん》している市民《しみん》団体《だんたい》です。24歳《さい》までの子《こ》どもや若者《わかもの》、そのまわりの大人《おとな》を対象《たいしょう》に電話《でんわ》で相談《そうだん》を受《う》けつけています。

多《た》様《よう》な性《せい》についてもっと知《し》りたい人《ひと》へ

さまざまな性《せい》のありかたについて、もっと深《ふか》く知《し》りたい、いろいろなことを学《まな》びたいという人《ひと》のために、おすすめの本《ほん》や映画《えいが》、ウェブサイトを紹介《しょうかい》しましょう。

絵《え》本《ほん》

たまごちゃん、たびにでる

作：フランチェスカ・パルディ
絵：フランチェスコ・トゥーリオ・アルタン
発行人：ドリアーノ・スリス　刊：イタリア会館出版部

主人公《しゅじんこう》の「たまごちゃん」が、生《う》まれる前《まえ》にいろいろな家族《かぞく》をたずねてまわるお話《はなし》。母《はは》親《おや》が二匹《にひき》いるネコの家族《かぞく》や、シングルマザーのカバとその子《こ》どもの家族《かぞく》などと知《し》り合《あ》ったたまごちゃんは、さまざまな家族《かぞく》のかたちがあることを知《し》ります。家族《かぞく》の多様性《たようせい》をすなおに受《う》け入《い》れる好奇心《こうきしん》たっぷりのたまごちゃんが、とても愛《あい》らしく描《えが》かれています。

タンタンタンゴはパパふたり

作：ジャスティン・リチャードソン　ピーター・パーネル
絵：ヘンリー・コール
刊：ポット出版

オスペンギンのロイとシロは仲《なか》よしカップル。飼育員《しいくいん》がほかのペンギンカップルが育《そだ》てられなかった卵《たまご》を二匹《にひき》の巣《す》にそっと置《お》いたところ、ロイとシロはその卵《たまご》をたいせつにあたため、やがて赤《あか》ちゃんペンギンのタンゴが生《う》まれます。ニューヨークの動物園《どうぶつえん》でほんとうにあった話《はなし》をもとにしている絵本《えほん》で、読《よ》む人《ひと》のこころをとてもあたたかくしてくれます。

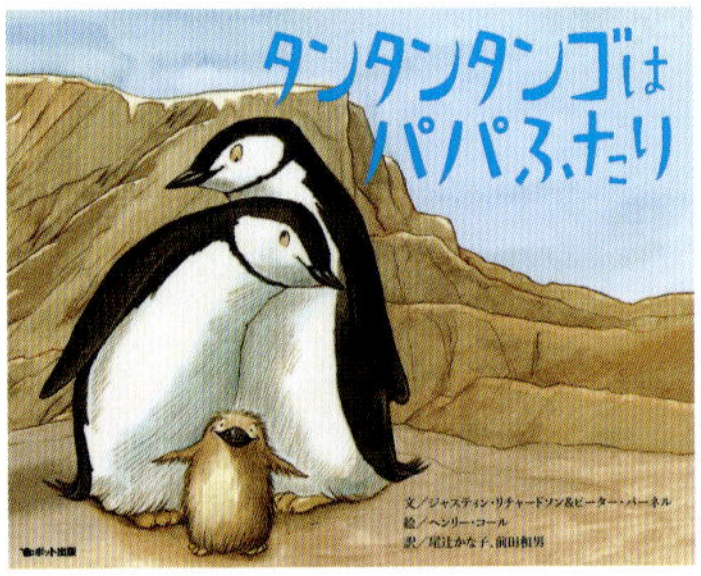

わたしはあかねこ

作：サトシン
絵：西村敏雄
刊：文溪堂

しろねこのお母《かあ》さんと、くろねこのお父《とう》さんから生《う》まれたあかねこ。きょうだいはみんなお父《とう》さんとお母《かあ》さんの毛《け》の色《いろ》を受《う》けついでいるのに、なぜかあかねこだけみんなとちがう毛《け》の色《いろ》をしています。でもそんな自分《じぶん》を誇《ほこ》らしく思《おも》うあかねこは家《いえ》を出《で》て、自分《じぶん》なりの生《い》きかたを見《み》つけていきます。そんなあかねこに勇気《ゆうき》づけられる人《ひと》はきっと多《おお》いでしょう。

くまのトーマスはおんなのこ

作：ジェシカ・ウォルトン
絵：ドゥーガル・マクファーソン
刊：ポット出版プラス

エロールは、くまのトーマスとは親友《しんゆう》どうし。ある日《ひ》トーマスから、ほんとうの自分《じぶん》は女《おんな》の子《こ》だと打《う》ち明《あ》けられます。「きみとはもうともだちじゃなくなってしまうかもしれない」と悩《なや》むトーマスに、「ぼくはいつだってきみのともだちだよ」と話《はな》すエロール。どんな性《せい》のありかたであっても、相手《あいて》を尊重《そんちょう》して友情《ゆうじょう》を育《はぐく》むことのたいせつさを気《き》づかせてくれます。

マンガ

放浪息子《ほうろうむすこ》

作:志村貴子　刊:KADOKAWA

女《おんな》の子《こ》になりたい少年《しょうねん》、二鳥修一《にとりしゅういち》と、男《おとこ》の子《こ》になりたい少女《しょうじょ》、高槻《たかつき》よしの。思春期《ししゅんき》にさしかかる二人《ふたり》のゆれるこころがこまやかに描《えが》かれています。泣《な》いたり笑《わら》ったり、ときには深《ふか》く傷《きず》つきながらも少《すこ》しずつ成長《せいちょう》していく二人《ふたり》を、そっと応援《おうえん》したくなってきます。

きのう何食《なにた》べた?

作:よしながふみ　刊:講談社

弁護士《べんごし》の筧史朗《かけいしろう》と美容師《びようし》の矢吹賢《やぶきけん》二《じ》はゲイのカップル。きちょうめんな史朗《しろう》が作《つく》る料理《りょうり》を、好《す》き嫌《きら》いなく食《た》べる賢二《けんじ》。おいしい料理《りょうり》を通《とお》して深《ふか》まっていく二人《ふたり》の日常《にちじょう》と、セクシュアルマイノリティをめぐるさまざまなドラマが楽《たの》しく描《えが》かれています。

弟《おとうと》の夫《おっと》

作:田亀源五郎　刊:双葉社

弥一《やいち》と夏菜《かな》の親子《おやこ》が暮《く》らす家《いえ》に、カナダ人《じん》のマイクという男性《だんせい》がやってきます。マイクは弥一《やいち》の亡《な》くなった弟《おとうと》の結婚相手《けっこんあいて》(カナダでは同性婚《どうせいこん》が認《みと》められています)でした。夏菜《かな》がマイクになつく反面《はんめん》、マイクがゲイであることにとまどう弥一《やいち》でしたが、一緒《いっしょ》に過《す》ごすうち、次第《しだい》にこころを通《かよ》わせながら家族《かぞく》になっていく物語《ものがたり》です。

©田亀源五郎/双葉社

同居人《どうきょにん》の美少女《びしょうじょ》がレズビアンだった件《けん》。

作:小池みき　監修:牧村朝子

刊:イースト・プレス

作者《さくしゃ》が住《す》むシェアハウスに入居《にゅうきょ》してきた美少女《びしょうじょ》の「まきむぅ」。彼女《かのじょ》は「女《おんな》の子《こ》を好《す》きになる女《おんな》の子《こ》」でした。そんな彼女《かのじょ》がシェアハウスの同居人《どうきょにん》たちに、徐々《じょじょ》にカミングアウトし、フランス人《じん》の恋人《こいびと》をつくり、そのことを明《あ》かしてタレント活動《かつどう》をしていくようすが、ヘテロセクシュアルの作者《さくしゃ》の目《め》を通《とお》してわかりやすく描《えが》かれています。

ウェブサイト

LGBT就活《しゅうかつ》

http://www.lgbtcareer.org/

就職《しゅうしょく》をめざしているLGBTの人《ひと》たちに向《む》けて作《つく》られているサイト。性《せい》のありかたを問《と》わず自分《じぶん》らしく働《はたら》くことができる職場《しょくば》や、いきいきと働《はたら》いているLGBTの大人《おとな》たちを紹介《しょうかい》しています。みなさんのお手本《てほん》になるような人《ひと》が見《み》つかるかもしれません。

君《きみ》のままでいい.jp

http://kiminomamadeii.jp

「君《きみ》は君《きみ》のままでいい」をキャッチフレーズに、自分《じぶん》の性《せい》のありかたに悩《なや》んでいる人《ひと》たちに向《む》けて、さまざまなメッセージを公開《こうかい》しています。また、自分《じぶん》のこころやからだについて、かかえ切《き》れない悩《なや》みがある人《ひと》のための電話相談窓口《でんわそうだんまどぐち》も掲載《けいさい》されています。

ハートをつなごう学校《がっこう》

http://heartschool.jp

芸能人《げいのうじん》やアライ(LGBTを理解《りかい》し、応援《おうえん》する人《ひと》たち)の大人《おとな》たちなどから、LGBTの人《ひと》たちに向《む》けたメッセージ動画《どうが》を届《とど》けています。ほかにもLGBTの人《ひと》たちの輪《わ》を広《ひろ》げるためのイベントなどを運営《うんえい》しています。合言葉《あいことば》は「きっとキミは大丈夫《だいじょうぶ》。一緒《いっしょ》にハートをつなごう」。

※URLは変更《へんこう》されることがあります。

書《しょ》籍《せき》

ボクの彼氏《かれし》はどこにいる?

著:石川大我

刊:講談社

著者《ちょしゃ》の石川《いしかわ》さんはゲイであることに悩《なや》みながら思春期《ししゅんき》を過《す》ごした経験《けいけん》の持《も》ち主《ぬし》。大学卒業後《だいがくそつぎょうご》、インターネットで自分《じぶん》と同《おな》じ存在《そんざい》の人《ひと》がいることに気《き》づき、勇気《ゆうき》づけられることで、まわりにカミングアウトしていきながら、LGBTの人《ひと》たちを支援《しえん》する活動《かつどう》に取《と》り組《く》むようになるようすが描《えが》かれています。

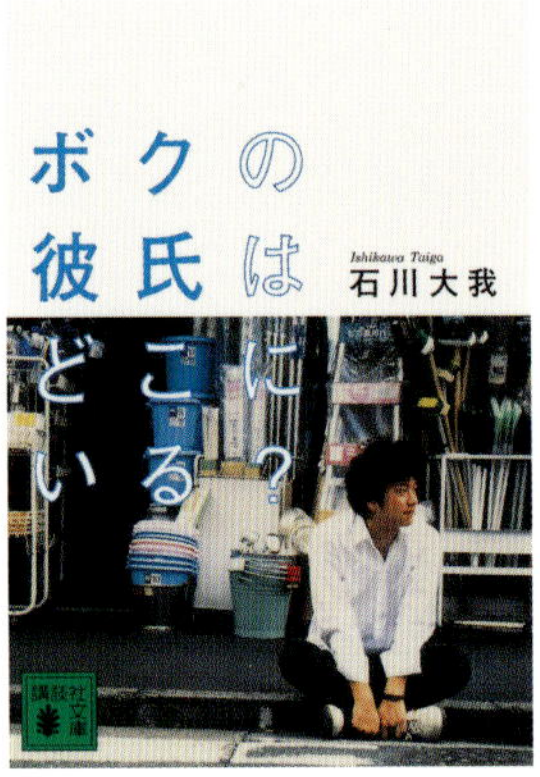

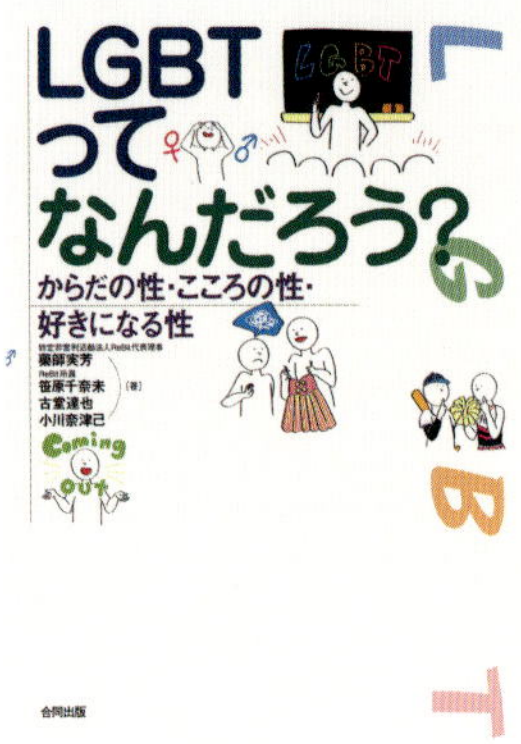

LGBTってなんだろう?

著:薬師実芳、笹原千奈未、

古堂達也、小川奈津己

刊:合同出版

先生《せんせい》や保護者《ほごしゃ》など、LGBTの子《こ》どもたちを支援《しえん》する人向《ひとむ》けの本《ほん》です。LGBTについてあまり知識《ちしき》のない人《ひと》でも理《り》解《かい》できるように作《つく》られていて、LGBTの入門書《にゅうもんしょ》として広《ひろ》く読《よ》まれています。LGBTの人《ひと》たちのリアルな声《こえ》が多《おお》く掲載《けいさい》されているところも特長《とくちょう》です。

ダブルハッピネス

著:杉山文野

刊:講談社

物心《ものごころ》ついてから、常《つね》に「女体《にょたい》の着《き》ぐるみ」を身《み》につけているような違和感《いわかん》をいだいてきた著者《ちょしゃ》の杉山《すぎやま》さん。こころとからだの性《せい》が一致《いっち》しないことに悩《なや》みながらも、自分《じぶん》の生《い》きかたをしっかり見《み》つけ、愛《あい》する家族《かぞく》や友《とも》だちと理《り》解《かい》し合《あ》う姿《すがた》が印象的《いんしょうてき》です。

いろいろな性《せい》、いろいろな生《い》きかた

監修:渡辺大輔

刊:ポプラ社

豊富《ほうふ》なイラストやマンガで、楽《たの》しく性《せい》のありかたについて学《まな》ぶことができる本《ほん》です。また、社会《しゃかい》で過《す》ごしているLGBTの人《ひと》たちのリアルな姿《すがた》も紹介《しょうかい》されています。「いろいろな性《せい》ってなんだろう?」「だれもが楽《たの》しくすごせる学校《がっこう》」「ありのままでいられる社会《しゃかい》」の三冊《さんさつ》セットで、小学生《しょうがくせい》から読《よ》めるように作《つく》られています。

思春期《ししゅんき》サバイバル

制作:ここから探検隊

刊:はるか書房

悩《なや》み多《おお》き思春期《ししゅんき》のもやもやした気持《きも》ちについて、読者《どくしゃ》と一緒《いっしょ》に考《かんが》えていく本《ほん》。性《せい》のありかたのことだけでなく、友人関係《ゆうじんかんけい》や家族関係《かぞくかんけい》、恋愛《れんあい》についてなど、多《おお》くの思春期《ししゅんき》の人《ひと》が抱《いだ》く悩《なや》みについて、解決《かいけつ》のしかたをさぐっていきます。

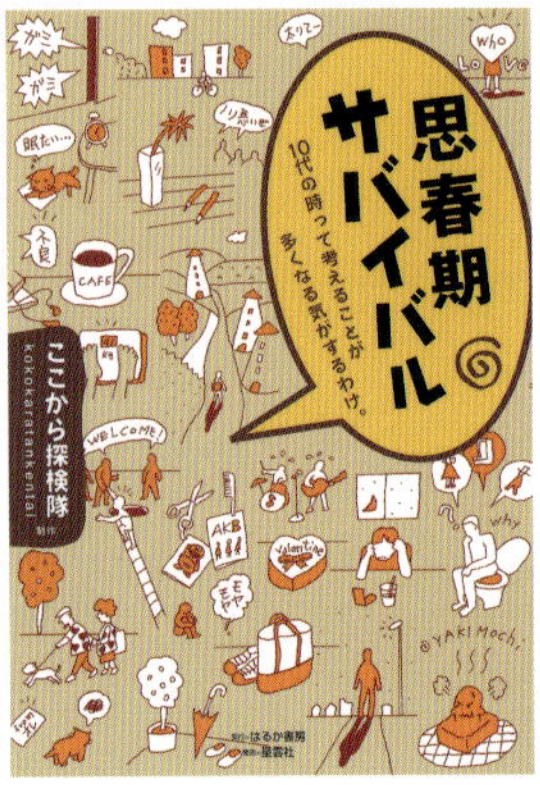

カミングアウト・レターズ

編:RYOJI、砂川秀樹

刊:太郎次郎社エディタス

カミングアウトをめぐる、親《おや》と子《こ》、先生《せんせい》と生徒《せいと》のあいだでかわされた手紙《てがみ》のやりとりをまとめた本《ほん》です。カミングアウトをする人《ひと》とされる人《ひと》のそれぞれの気持《きも》ちがよくわかり、おたがいを思《おも》いやる言葉《ことば》の数《かず》かずは読《よ》む人《ひと》に力《ちから》を与《あた》えてくれるでしょう。

映《えい》画《が》

チョコレートドーナツ

製作：2012年

監督：トラヴィス・ファイン

ショーダンサーのルディと弁護士《べんごし》のポールは、母親《ははおや》が薬物依存症《やくぶついぞんしょう》のために、見捨《みす》てられてしまったダウン症《しょう》の少年《しょうねん》・マルコと暮《く》らしはじめます。血《ち》がつながっていなくても、法律《ほうりつ》で許《ゆる》されなくても深《ふか》い愛情《あいじょう》で結《むす》ばれる三人《さんにん》の姿《すがた》をやさしく描《えが》きます。1970年代《ねんだい》のニューヨークで起《お》こった実話《じつわ》をもとにしています。

発売・販売元：ポニーキャニオン
価格：DVD ¥3,800＋税、Blu-ray ¥4,700＋税

パレードへようこそ

製作：2014年

監督：マシュー・ウォーチャス

炭坑《たんこう》で働《はたら》く人《ひと》たちを同性愛者《どうせいあいしゃ》たちが支援《しえん》したことで、知《し》らない人《ひと》たちどうしが出会《であ》い、つながって友情《ゆうじょう》を育《はぐく》み、社会《しゃかい》へ自分《じぶん》たちの声《こえ》を届《とど》けていく物語《ものがたり》。笑《わら》いと涙《なみだ》あふれるエピソードが、見《み》る人《ひと》の胸《むね》を温《あたた》かくしてくれます。1980年代《ねんだい》のイギリスでほんとうにあったできごとをもとに作《つく》られました。

発売・販売元：株式会社KADOKAWA
価格：DVD ¥3,800＋税

MILK

製作：2008年

監督：ガス・ヴァン・サント

1970年代《ねんだい》のアメリカで、史上《しじょう》はじめて同性愛者《どうせいあいしゃ》だとカミングアウトした政治家《せいじか》・ハーヴェイ・ミルクを描《えが》いた伝記映画《でんきえいが》です。社会《しゃかい》の常識《じょうしき》や圧力《あつりょく》に負《ま》けることなく、同性愛者《どうせいあいしゃ》をふくむすべての人《ひと》の権利《けんり》のために戦《たたか》うミルクの姿《すがた》に、見《み》る人《ひと》はこころを打《う》たれることでしょう。

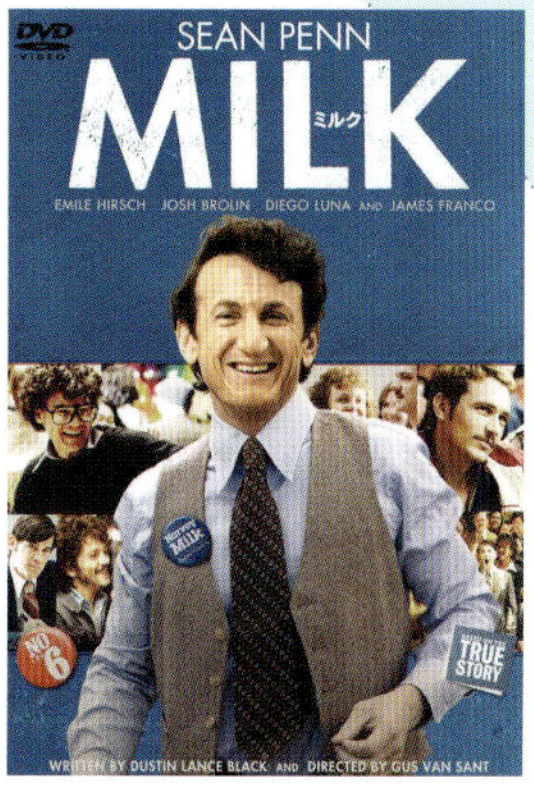

発売・販売元：ポニーキャニオン
価格：DVD ¥3,800＋税

発売元：ジェイ・ストーム
販売元：ソニー・ミュージックマーケティング
DVD ¥4,900＋税、Blu-ray ¥5,800＋税

彼《かれ》らが本気《ほんき》で編《あ》むときは、

製作：2017年

監督：荻上直子

母親《ははおや》がいなくなり、ひとりぼっちになった小学生《しょうがくせい》のトモは、叔父《おじ》のマキオと彼《かれ》の恋人《こいびと》でトランスジェンダーのリンコと暮《く》らすことになります。この三人《さんにん》が強《つよ》い絆《きずな》で結《むす》ばれ、ひとつの家族《かぞく》になっていくようすが描《えが》かれます。性《せい》のありかたについて、そして家族《かぞく》のありかたについていろいろ考《かんが》えさせてくれる映画《えいが》です。

さくいん

あ

か

さ

は

ま

ら

た

あとがき

この本《ほん》を読《よ》んでくれて、どうもありがとうございます。本《ほん》を手《て》に取《と》ったのは、どんなきっかけだったでしょうか。「新《あたら》しいことが知《し》りたくて」「気《き》になっていたテーマだった」「読《よ》みやすそう」「友《とも》だちからカミングアウトを受《う》けて、知《し》ろうと思《おも》ったんだ」そんないろいろな理由《りゆう》のなかには、「自分《じぶん》の性《せい》のありかたに悩《なや》んでいて……」という理由《りゆう》もあるのではないかと想像《そうぞう》します。ちょうど、10年前《ねんまえ》の私《わたし》たちのように。

10年前《ねんまえ》、日本ではLGBTという言葉《ことば》もいまほど有名《ゆうめい》ではなく、いろいろな性《せい》のありかたについて知《し》る機会《きかい》は、あまりありませんでした。自分《じぶん》の性《せい》のありかたが、まわりの人《ひと》が考《かんが》える「ふつう」とはちがうのかもしれない、と不安《ふあん》だったあのころ、学校《がっこう》の図書館《としょかん》や街《まち》なかの書店《しょてん》でこんな本《ほん》に出会《であ》いたかったな、と思《おも》います。もし、あなたが、昔《むかし》の私《わたし》たちと同《おな》じように不安《ふあん》な気持《きも》ちでこの本《ほん》を手《て》に取《と》ったのなら、この本《ほん》が少《すこ》しでもその不安《ふあん》を軽《かる》くしてくれるよう、心《こころ》から願《ねが》っています。

また、「本《ほん》を読《よ》んではじめて、いろいろな性《せい》のありかたを知《し》った」という人《ひと》もいると思《おも》います。この本《ほん》で紹介《しょうかい》されている性《せい》のありかたの話《はなし》は、特別《とくべつ》なだれかのための話《はなし》ではありません。身近《みぢか》にいる友人《ゆうじん》や家族《かぞく》や大切《たいせつ》な人《ひと》の話《はなし》であり、あなた自身《じしん》の話《はなし》です。自分《じぶん》の性《せい》のありかたと「自分《じぶん》らしさ」を大切《たいせつ》にすることから始《はじ》めてみてください。

これから、みなさんが大人《おとな》になっていくなかで、きっと「ふつう」について考《かんが》える場面《ばめん》があると思《おも》います。人《ひと》とちがう選択《せんたく》をすることや、いままでになかった道《みち》を進《すす》むことについて、「ふつうじゃないよ」とか「ふつうはこうだよ」と言《い》われることもあるかもしれません。そんなときに、この本《ほん》のことを思《おも》い出《だ》してくれたらうれしいです。「ふつうってなんだろう？」と考《かんが》えてみることが、背中《せなか》を押《お》してくれると思《おも》います。そして、それぞれが「自分《じぶん》が生《い》きていきたい社会《しゃかい》」を想像《そうぞう》し、行動《こうどう》することで、性《せい》のありかただけではなく、いろいろな生《い》きかたのちがいを認《みと》め合《あ》える社会《しゃかい》に近《ちか》づいていくはずです。

この10年《ねん》、ずいぶん社会《しゃかい》は変《か》わってきたと感《かん》じます。ひとりずつの想《おも》いと行動《こうどう》が重《かさ》なれば、もっとみんなの「自分《じぶん》らしさ」が大切《たいせつ》にされ、色《いろ》とりどりの人生《じんせい》とともに生《い》きられる未来《みらい》がやってくると信《しん》じています。さらに10年後《ねんご》の子《こ》どもたちは、どんな社会《しゃかい》で生《い》きていて、どんな本《ほん》を読《よ》んでいるでしょうか。みなさんは、どんな大人《おとな》になっているでしょうか。

この本《ほん》と出会《であ》ってくれたあなたが、自分《じぶん》らしく大人《おとな》になれますように。

2017年《ねん》12月《がつ》

認定特定非営利活動法人《にんていとくていひえいりかつどうほうじん》ReBit
薬師実芳《やくしみか》・中島《なかじま》 潤《じゅん》

カバーデザイン
川谷康久（川谷デザイン）

カバーイラスト／マンガ
殿ヶ谷美由記

本文デザイン
河原健人

イラスト
大野デザイン事務所

カメラマン
斉藤秀明、布川航太

執筆協力
赤谷まりえ、北條一浩

編集協力
中島泰司（ユークラフト）

校正
秋下幸恵、遠藤理恵
学研校閲課

写真提供
Aflo
鳥山真翔
認定NPO法人グッド・エイジング・エールズ
西条市立丹原東中学校

企画編集
相原沙弥、小島鳩子、宮﨑 純

参考文献
『LGBTってなんだろう？』（薬師実芳、笹原千奈未、古堂達也、小川奈津己・著／合同出版）
『いろいろな性、いろいろな生きかた①～③』（渡辺大輔・監修／ポプラ社）
『もっと知りたい！話したい！セクシュアルマイノリティ①～③』（日高庸晴・著／汐文社）
『よくわかるLGBT』（藤井ひろみ・監修／PHP研究所）
『先生と親のためのLGBTガイド』（遠藤まめた・著／合同出版）
『NHK「ハートをつなごう」LGBT BOOK』（NHK「ハートをつなごう」制作班・監修／太田出版）
『教育とLGBTIをつなぐ』（三成美保・編著／青弓社）
『LGBTを読みとく』（森山至貴・著／筑摩書房）
『13歳から知っておきたいLGBT+』（アシュリー・マーデル・著／ダイヤモンド社）

NDC 367

「ふつう」ってなんだ？
LGBTについて知る本

学研プラス 2018 120P 26.5cm C8036
ISBN 978-4-05-501239-3

「ふつう」ってなんだ？ LGBTについて知る本

2018年2月27日　第1刷発行
2024年1月31日　第9刷

監修　認定特定非営利活動法人 ReBit
薬師実芳・中島 潤
発行人　土屋 徹
編集人　代田雪絵
編集担当　相原沙弥
発行所　株式会社Gakken
〒141-8416 東京都品川区西五反田2-11-8
データ作成　株式会社四国写研
印刷所　共同印刷株式会社

この本に関する各種お問い合わせ先
本の内容については、下記サイトのお問い合わせフォームよりお願いします。
https://www.corp-gakken.co.jp/contact/
在庫については
Tel 03-6431-1197（販売部）
不良品（落丁、乱丁）については
Tel 0570-000577
学研業務センター
〒354-0045 埼玉県入間郡三芳町上富279-1
上記以外のお問い合わせは
Tel 0570-056-710（学研グループ総合案内）

学研グループの書籍・雑誌についての新刊情報・詳細情報は、下記をご覧ください。
学研出版サイト https://hon.gakken.jp/